未读 A DR 文艺家

U N R E A D

绿茶

著绘

读书与
藏书

27 位文化名家的私人阅读史

北京联合出版公司
Beijing United Publishing Co.,Ltd.

目录

CONTENTS

读书与藏书，是一辈子的幸事

文 | 韦力

如果以形式论，古人的藏书之处主要是藏书楼，今人则为书房，这种差异是由多种因素造成的，其中一个重要因素是书籍的体量问题。中国古书字大行稀，平均来说，以半叶九行十八字本居多（因为古籍单面印刷，中间有版心，以版心对折形成 A、B 两面，故古书的一叶等于今日洋装书的两页），古书的开本大致相当于洋装书的 24 开。一册古书大多分为两卷，一卷约有一万多字。古书的半叶通常不足二百字，而洋装书的一页大多在九百字以上。一册 32 开的洋装书以中等水平计算，约有十几万字；若以 24 开计算，则有二十几万字。因此，古书与今书比起来，在同样的字数下，体积要大十倍以上。

绿茶先生的这部名家书房之书，谈到了二十七处书房的模样。以陈平原和夏晓虹两位老师的藏书量为例，估计他们的总量至少在三万册。十几年前我有幸参观过他们的书房，我是根据当时的观感做出的估计，到如今他们书房的藏量应该远远比这个约数要大得多。如果把三万册洋装书换成线装书，我估计应该超过了五十万卷。要知道，在古代，有万卷藏书就已经是值得标榜之事了。古人说"丈夫拥书万卷"，至少在心态上可以傲视王侯了，十万卷已然是清代藏书家的顶尖成就。到民国时期，嘉业堂的藏书量超过了五十万卷，这个成就已是那个时代私人藏书量的天花板。

熟悉藏书史的朋友还会提到莫伯骥的"五十万卷楼"，但问题是除了这个堂号之外，没人见过他有这么大量的藏书，这正如吴兔床的"千元十驾"，后人估计他所藏的元版书超不过两百部，收藏千部元刻本不过是他的人生追求目标罢了。莫伯骥的情况是否如此呢？他在广州的故居早被拆掉了，我曾参观过他在东莞的故居，以那些房子的体量论，最多能放下十几万卷书，而嘉业堂藏书楼至今傲然耸立，不算院落，仅以书楼的面积计，至少有几千平方米。

以此数论，陈、夏二师的藏书量不输嘉业堂，因此他们的藏书若放在古代，估计要买下现住小区的几栋别墅才放得下。生产技术的进步给人类带来太多的便利，现代印刷术使得当今读书人有间书房基本就能满足一般需求。由此可以得出结论，今人的书房基本等同于古代的藏书楼。

任何事情都要在同一条件下来谈论。比如，上面将藏书楼与书房相比较，其条件乃是拿实体书来相较，否则游戏规则就不对了。有人说，他的电脑或移动硬盘里面存着几百万部书，这话我信，但他要说藏实物书远不如电子书时尚新潮，我会貌似诚恳地一笑：的确，您好好藏着这些硬盘，它们太有价值了。夏虫可以语冰乎？

除去感情上的不接受，电子书在实用性上的确有许多便利，尤其是在搜索关键词方面减少了许多翻书查找的时间。因此，对于大多数读者而言，如果其藏书的目的是为了阅读，而不是为了做某方面的研究，那么，多几个硬盘就足够了，这要比买实体书经济得多，并且更经济的地方在于不用发愁多买几套房来装书。

有藏书之好者，无论古今，其智商平均值都在中人之上，那为什么算不明白这么低段位的经济账呢？很多人的藏书已经堆到了几无下脚之地，但还是忍不住地买书，尤其是见到久觅不得之本，定会毅然决然地将其买下携回，这样的爱书人大多说过无数回要为书房减负的豪言，但见到爱物时，就把这话忘得一干二净，这才是钱包渐瘪终不悔啊。

人不是机器，实体人不是AI，人有情感活动，但AI却是理性的。阿尔法狗能够打败围棋世界冠军就是因为它没有情绪波动这个坏毛病，同样，它也不会有人的那种精神胜利法，在人看来，虽败犹荣：你赢了，你也不是人。

前一段时间元宇宙热闹了一阵子，"我家左邻扎克伯格，右邻贝克汉姆"，那份傲骄不输阿Q两碗黄酒下肚后的豪言：与赵老爷原来是本家，细细排起来，他还比秀才长三辈呢。也许在理念设计上有考虑不周全的地方，总之，元宇宙没能由红到紫，那些花大价钱买虚拟庄园的人，不知道能否脱手自己的物业。当然，用一句"失败乃成功之母"来争回面子，也不失为上策。更何况，风口总会来，猪也会飞起来。

果然没多久，到近些天，ChatGPT大火，热度远远盖过了红极一时的元宇宙，听说微软公司已经把元宇宙取消了，比尔·盖茨大量投资ChatGPT，很多人认定这不是一轮新的割韭菜，各路大神纷纷跟进，预言家们迅速激动了起来，继续老调重弹地说一遍哪些行业会被淘汰，其中就包括编辑出版。按照这种说法，书的末日马上就要降临了：真的如此吗？到目前为止，人工智能还停留在人类现有知识基础的总结上，其实人类的发展何尝不是如此，书籍乃是先民智慧的结晶，后人站在前人的肩膀之上走得更远更高。无论AI发展到什么程度，总是要在现有资讯的基础之上，再萃取出更加高级的理念，无论人类还是AI，总不能得鱼忘筌吧？

随着科技的突飞猛进，纸质书终究会有被淘汰的那一天，这就如同太阳终究会熄灭，不再发光发热，但那个时代于今人何干呢？即便拿进化论来说，人类历史不过是宇宙历史中的一瞬，等到太阳熄灭的那一天，人类早已找到了新的栖息地，比如埃隆·马斯克已经预言五十年后人类就可以登上火星了，更不用说几十亿年后的事情了。

在已知的未来，我不认为纸质书会被电子书取代，尽管公共图书馆的数量越来越多，检索手段也越来越方便，但还是有很多不如人意之处。更何况人类在情感上的占有欲，在短期内还不可能消亡，爱书人对纸质书的执拗也不会因为电子书的风行而终结。无论是藏是用，在能够看到的未来，还会有很多酷爱实体书的骨灰级发烧友。

从表面看，每家的书房不过都是书籍的摆放和陈列，除内容上的偏爱外，爱书人在书房中所寄托的情感是局外人难以体味到的。有人说，书房是不可示人之地，因而也增加了书房的神秘感，很多人都想以窥私癖的心态到别人书房中一游，比如我就有这样的怪癖。幸好在这个世上，有如此怪癖之人还不少，但限于条件，能够实践自己窥私愿望的机会并不多，由一位懂书之人作为代表，去了解、去观察、去访问书房主人，然后将之行诸文字，再配上相应的照片，把这样的书出版出来，这与过屠门而大嚼庶几近焉？

我与绿茶先生相识多年，他是爱书人中较为奇特的一位，我记得他出版的第一本关于书的作品，书名就是《在书中小站片刻》。

尽管这是谦词，但也说明了他在性格上有着独特的冷静。若以极端来论，哪位爱书人不是书的仆人呢？那么多历史典籍，经历过无数的爱书人护持，书中所阐述的思想对人类产生过巨大影响，书还在那里，想来绿茶起这样的书名，就是想说明这个哲理。

而今他又走进这些学者和藏家的书房，不但以自己的笔来描绘自己的观感，还以对谈的形式，让书房主人用第一人称来阐述自己的理念，这种做法更能让读者体察出书房主人的学术观和藏书观。佛语有言，说出口的就与真实有了距离，但追求绝对真实也是一种执拗，至少我读到书房主人的那些话时，更改了不少我原有的认识。总之，那个书房在我的心中变得更加立体，内容也更加丰富了。我想，绿茶写这样一部书，也是想达到这个目的吧。

◆陈平原、夏晓虹书房◆

书房主人

陈平原　夏晓虹

陈平原，北京大学中文系教授、北京大学现代中国人文研究所所长。研究领域包括文学史、教育史、学术史、图像史等。著有《千古文人侠客梦》《中国现代学术之建立》《左图右史与西学东渐》等。

夏晓虹，北京大学中文系教授。研究领域为近代中国的文学思潮、女性生活与社会文化。著有《旧年人物》《晚清文人妇女观》《阅读梁启超》等。

陈平原

理想的书房，应该是一个知识地图

虽然听杨早描述过陈平原教授书房的规模，但走进陈教授家的书房，我还是大吃一惊。客厅、餐厅以及通往厨房的墙体都是书架，几乎看不到露出来的墙面，整个客厅也堆满了书、杂志和资料。此外，陈平原和夏晓虹老师还各自有间书房，也被书塞得满满的。我们一行四人的到来，更增添了客厅的拥挤感。

陈平原教授随手把沙发上的书和资料挪了挪，我们和书挤在一起，喝茶、聊书。过程中，他反复提到找不到书的问题，这可能是读书人的通病。书越来越多后，书房的功能性就越来越弱，想找的书也越来越难找到了。陈教授坦言他理想的书房里，书不用太多，但要有舒适的阅读环境。然而，整理这么大规模的书房，的确不是一件容易的事，甚至是不可能完成的工作。

陈平原和夏晓虹都是北大中文系教授，对晚清及近代文学史、思想史、文化史等领域有着深入的研究。陈平原教授除了文学史，还对大学、城市、声音和图像等诸多方面有持续研究，出版了晚清画报研究大作《左图右史与西学东渐》，登上当年年底众多好书榜。夏晓虹教授多年从事晚清妇女文化研究和梁启超研究，著有《晚清文人妇女观》及多部梁启超研究著作。

从事近现代思想文化研究，要涉及的面很宽很杂，古代、现代和外国都要涉及，历史的、社会的、政治的、艺术的也脱离不开。所以，陈教授家的书房可以算是学术大百科，方方面面的书籍包罗万象，加之一直以来入得多、出得少，以至于形成了现在的书房规模。

多年前我在编《新京报·书评周刊》时，曾做过一个书房走访系列，每期一个版。那些年，我参观采访了很多文化名家的书房，后来，这个版面取消了，但这个计划一直在我心里留有念想。二〇一九年，我重启书房走访系列，走进作家、学者、艺术家、文化名家的书房。通过书房这条小径，抵达思想的彼岸，在他们构建的知识地图中，找到人与书的共情之源。

我的书房走访系列，就从陈平原、夏晓虹教授的书房开始。

绿　茶：陈老师好，一进您的书房令我大吃一惊，这样规模的书房真是少见，我很好奇您的书房是如何一步一步走到今天这个规模的。

陈平原：多年前，《南方都市报》对我的书房做过采编。我也写过一篇文章叫《父亲的书房》，其实看一个人的书房，便能知道这个人的气质、兴趣等，同样的道理，看一个人的书房，也可以看到他孩子的未来。这是一种精神的传承，从小在那个环境里长大，自然而然地会受到熏陶。其实，我们家当时只有很少的书，因为那时我们的房子都不大，所以有几本贵书已经很了不起了。

"文化大革命"中我们家的书基本没有上交，我爸爸所在的汕头农业学校是一所中专，学生们来了以后就把书房里所有的书给封起来，贴上了封条，别的红卫兵来了就没有再去弄。后来，我妈妈自由了，所以就要求把书取出来，那些书就拿回来了。

那时候我已经在乡下了，爸爸还在干校里面，因妈妈已经可以出来自由活动了，就把书拿回我们家。我们家在一个山村里，就是我插队的地方。所以，"文革"期间，我和别人最大的不同就是我不缺书。这一批书虽然没什么了不起，但对我很重要，因为我爸爸妈妈是教语文的，初中、高中的语文教材以及教师读本，还有各种各样的备课读本都很全。围绕教学，我爸爸有几方面的书，比如古典文学方面的、现代文学方面的，还有文学史方面的。又如，翻译方面的，主要是俄、苏的，这一类的书为下乡时期的我创造了一个很好的阅读环境。像游国恩的《中国文学史》，"文革"以前出的，我们家就有；后来，我在中山大学念书时的老师黄海章先生的《中国文学批评简史》，当时我家也有；北京大学的林庚先生、吴组缃先生的书也都有，尤其是王瑶先生的书，王瑶先生"文革"前出的书，我好像就缺一本。那个时候的中学老师是很厉害的，为了备课，为了研究，或是为了满足最终的阅读需求，连大学教材和大学教授们的著作家里面都有。当时我并没有认真地阅读，但不管怎么说，上大学之前家里这些书对我来说是很重要的。

但我后来检讨过自己的阅读趣味，应该说有一些缺憾，比如我们家没有现代派的书，因为我爸爸不喜欢，还有社会科学方面、自然科学方面的书也很少。现在发现，人文科学这方面的书，早年的阅读除了提供知识以外，定下那个调子、那个趣味也十分重要，哪些东西你读得进去，哪些东西跟你有点隔阂，这些都会不知不觉地影响到日后的成长。所以，我才会专门写《父亲的书房》，其实是想说，五六十年前小时候的阅读，就知识含量来说不会特别多，因为家里的藏书跟我们今天完全不能比，但是那个时候对读书习惯的养成、读书兴趣的培养，还有徜徉书房的那个乐趣，以及对具体学科的鉴赏能力，所有的这些东西都还在。

你问我的书房为什么会是今天这个局面。其实我不是藏书家，我的老师王瑶先生说书房分两种，一种是为读书而收藏，另一种是为收藏而读书，我的书房里基本上是常用书，除了个别有纪念意义的，我从来不考虑书值不值钱的事情。我们藏书是为了自己的阅读需要、研究的需要。

我和晓虹有一种特殊的状态，就是我们俩的专业本来就有重叠，但其实又各自有所延伸，加上研究近现代这一块的特点就是它必须古代也有，现代也有，外国也有，所以古今中外都会有。还有就是不能只有纯文学，只在文学这个圈里面打转是不够的，所以我们要涉及历史的、社会的、政治的、艺术的，加上我们本身读书的兴趣比较杂，所以我们家里的藏书不好的地方就是专业性不太强。比如，江晓原说他就做科学史、科技史，这样专业性就很强。

当然，我也有像晚清画报这样的一些小专题收藏。我在深圳演讲的时候，有一个人还专门提问，说他追着读我的书好多年，这次是特意从长沙赶过来的。他说最早读到的我的一本书，为什么今天不再往下做了，那本书就是关于明清插图的《看图说书》。我说很遗憾，因为那个我觉得做得不满意，但还会再往下做，这方面资料收集了很多，退休以后一定要把它做下去。这个和画报是两个系列，明清插图研究很有意义，因为插图在阐释文本的时候会有一些拓展，还有一些延伸的功能。将来我会专门做成一个专题性的著作。早些年我就是从这个地方入手的，对图像和文字的关系很感兴趣。画报是先有图才有文，文字配合图像，适应以后才跟新闻、艺术等其他的结合在一起。

绿　茶：我今天带了一本您的《读书的风景》，谈大学时代的风月和读书。您从北大读博一直到现在，北大这个氛围，对您的阅读、研究和生活有什么样的影响？能再谈谈您眼中理想的读书风景应该是什么样的吗？

陈平原：这本书印了很多版，中间也新增了好几篇文章。关于阅读与北大的关系，可以从两个方面讲：一方面就是相对来说，北大比别的学校在人文学方面要从容一些，北大要求你读书，而不是整天写论文。我的导师王瑶先生说过一点，之所以大学时不要发表太多文章，是希望你把水坝筑得高一点，这样放水的时候才会冲得远一点，要是有一点点就泄，你不可能走远。所以在北大，读书时间比较宽裕，读书的兴趣也会比较广泛。

另一方面，大家可能想象不到。你别看我的藏书这么多，但我不刻意去追求藏书的全，原因就是我靠着一座大图书馆，我怎么收藏都不可能比北大图书馆的藏书多。所以，大套的书，不急着用的书，都是靠图书馆。家里的藏书，基本上是日常用的书，而特殊的藏书，还得靠图书馆。

绿　茶：您还有一本书叫《读书是件好玩的事》，那种坐拥书城的感觉的确很好玩，但是现在的阅读发生了很大的变化，手机阅读、知识付费等，导致我们的阅读被弄得支离破碎，感觉现在阅读已经不那么好玩了。那您觉得读书这件事情除了自己做研究，或者说好玩，还有什么样的趣味在里头，可以让更多的人投入到阅读这么一件好玩的事情中来呢？

陈平原：其实是这样的，专业的读书有时候会有功利性，或者说不能没有功利性，你想做什么事情，你必须穷尽资料，这是一种阅读；还有一种就是他不是为了具体的课题，而是凭着自己的兴趣来阅读。现在大学的问题是，很多人已经丧失了凭个人兴趣来读书的能力和意愿，都是为了写论文而读书。我想说，读书读好了会写作，但是不能为了写作而读书，要不你的趣味会特别窄。坐拥书城和漫卷诗书的好处是在专业阅读之外，还有另外一种阅读。我们不能完全排除网上阅读和手机阅读，我自己也有片段的、零碎的阅读，但必须有书斋里正襟危坐的阅读做底子，如果没有的话，就会变成一种纯粹的消遣，或者变成像杨早说的"知道了"。很多事情都变成"知道了"，就没办法进入，因为现在的资讯太多了，这样大的资讯流量过来，你会被冲得站不稳的。

阅读必须有自己的立场，有一套自己的主线，同时不排除、不排斥各种各样的风吹浪打。鲁迅说有的书是要靠数据计量来读的，有的书是随便翻翻的，只说一方面是不够的。所以我说，书房要连着网络。书房有自己的藏书，网络有外面的世界。

绿　茶：您的学术脉络是很清晰的，有自己阅读的主线在那里，但其实也是一个个小专题的组合，像画报、文学史等，这些专题方向和专项收藏，在您的书房场景中大概是什么样的，跟我们分享一下吧。

陈平原：我没办法做到像耶鲁大学的孙康宜教授那样，她的地下车库很大，所以她把自己的研究分成一个个角落。刘梦溪也告诉我说，这个书房是研究谁谁谁的，那个书房是放什么类型的书的。我家书房就这么大，我们两人的书会互相交叉，所以没办法做到这么清晰。我的困难是，在不同的话题之间来回穿梭时会想找一些书，却一下子找不到。我做画报研究期间，也不是一年到头都只研究画报，中间还会不断穿插其他选题。除了日常的文学研究、思想研究之外，大学、城市、声音和图像也是我关注的四个研究方向，所以总是在不同选题中穿梭。

绿　茶：您的学术版图这么大，旁征博引那么多，要怎么找到这些书呢？光靠记忆吗？

陈平原：有报道说，人在二十五岁以后记忆力就开始衰退了，不要相信自己的记忆力。人需要建立一个有效的知识地图，知道在什么地方有什么东西，这比一下子获得某个知识更重要，因为学会这个地图的建构，即使现在忘记了，等你需要时也知道到哪里去找。所谓学术训练，就是建立这个知识地图，具体到每个人，就是建立自己的书库、自己的书房小径。所谓书房小径，便是知道在这么大的书房里，各种各样的小路会通到什么地方。其实到了一定时候你会发现，有读书经验的人，每个人的小径都不一样。

从画报角度来说，我因为有在世界各国讲学的便利，大体知道哪个国家的哪所大学的哪个图书馆有相关资料可寻。说起来，太容易找到资料固然对研究来讲便利了很多，但乐趣也少了很多。寻寻觅觅本身也是学术研究的一部分，在不断的寻觅过程中，思路和眼光也会发生调整，像揉面一样，新的资料进来会挑战原来的设想。

所以，在整个学术界，需要一个知识地图。对个人的话，需要一条书房小径。

绿　茶：您现在的学术和生活的比例是什么样的？

陈平原：很难说比例。除非有人来找，否则更多的时候是在阅读和搞研究，学术已经生活化了。我们通常是每隔一两个小时，休息一下，出来走走。

绿　茶：能描述一下您理想的书房是什么样子的吗？

陈平原：理想的书房其实藏书不必很多，像我今天这样，并不是理想的状态。理想的书房，最好既舒适，又方便，还整洁。书多了，在北京会有很大的灰尘。不讲清洁，只是一味地追求坐拥书城，是不够理想的。书应该是用来阅读的，而且应该在舒适的环境中阅读。目前我已经在努力减少了，有兴趣的书、日常需要的书才保留，其他的书都去图书馆借阅。今天的书房，对我来讲不理想的地方是我想要用的书找不到。葛兆光告诉我一个经验，他和戴燕达成一个决议：我们书房就这么大，进一本出一本，保持恒定的数量，保证这些留下来的书真的对我们有用。我们没能像他们那样，而是每天都有大量的书进来，而出去的书很少。

绿 茶：那您现在除了给老家捐一些之外，还有什么往外清书的手段吗？

陈平原：有学生要用的书就送给学生，还有一些书捐给老家图书馆，实在没用的就当废纸处理掉。但是送的速度很慢，虽然想送书，但整理的过程很漫长。

绿 茶：您对书有占有欲吗？

陈平原：会有，凡是读书人都会喜欢书。从占有欲的程度来讲，夏晓虹比我严重，她是集邮出身的，凡是集邮的人，都有收藏癖。

绿 茶：占有欲是爱书人的通病，那您书房中这么多的书，有没有一种或几种是您的镇房之宝？

陈平原：我没有这种类型的书，但有一些是对我有特殊纪念意义的，我不能散出去的书。它们并不是特别珍贵，这种有纪念意义的书只对我有价值，对别人就不一定有意义了。比如，我对《国故论衡》的初版本特别感兴趣，当时我是从网上拍下来的；我对鲁迅的几个早期本子特别珍惜，因为是当年岳父送的；我还对一本特别小的《唐诗一百首》很珍视，因为那是我小时候读过的。诸如此类，都是跟个人生活经验有关系的书。还有朋友的赠书，一般也不会往外散。

（陈平原　口述　　绿茶　撰写）

◆ 郑培凯书房 ◆

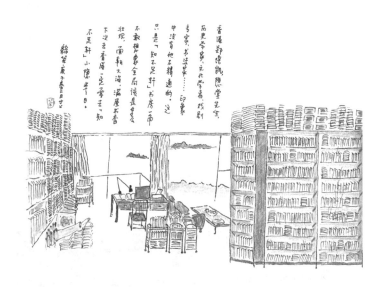

香港郑培凯隐堂先生。历史学家、文化学者为戏剧专家、书法家……印象中没有他不精通的，这只是「知不足轩」书房一角，不难想象全局读是多壮观。面朝大海、满屋书香，下边古香谱一定更是。知不足轩「小隐」半日。

绿茶庚子春三月廿日

书房主人
郑培凯

文化学者、香港非物质文化遗产咨询委员会主席。著有《汤显祖：戏梦人生与文化求索》《汤显祖与晚明文化》《在乎山水之间》《品味的记忆》《雅言与俗语》《茶余酒后金瓶梅》《流觞曲水的感怀》等。

郑培凯

埋首书堆的困窘和幸福

香港的郑培凯先生，出生、成长于台湾，儿时生活条件良好，三岁左右，在母亲的启蒙下开始阅读小人书，中学时开始接触中国古代文学，并独立点校、阅读《资治通鉴》，打下良好的古文功底。大学就读于台湾大学外文系，后来兴趣转向历史。一九七〇年后留学美国，先后师从著名历史学家史景迁、余英时两位先生。

郑先生儿时就喜欢新文学，留美后恶补新文学，几乎看遍了大学图书馆里所有二十世纪二三十年代的新文学书籍和报刊，并对晚清、民国文学有了强烈兴趣，也开始研究中国近代史。后来研究兴趣越来越大，开始涉足晚明的历史、文学、艺术等，以及西方十六七世纪的文学、艺术、历史等。通过跨领域研究和对活历史的认识，开始从思想史转向生活史和物质史，通过对昆曲、戏剧、茶、食物、陶瓷等主题的研究，构建出自己的文明发展体系，成就了不同主题的一家之言。

郑先生在美国生活了近三十年，从小喜欢书的他，在纽约、纽黑文、波士顿和普林斯顿等城市淘书，几乎逛遍了这些城市的旧书店，并且从香港邮购大量的中文古籍图书。位于美国的家，就像一座混合古今中外的图书馆。后应香港城市大学之邀，来组建中国文化中心，没想到从此留居香港。那些从美国旧书店淘来的书，很多都没有"漂"来香港陪伴他。

如今香港家中的书房，已经从"书斋"变成"书灾"，四个卧室都被书占得满满的，但郑老师有自己清晰而独特的分类，每个书室都有自己的主题和功能。而最大的客厅和餐厅，成为最核心的书房阵地，也是平时写作、练字的地方。"面朝大海，春暖花开"，书房有很好的视野，窗外有山、有海，读书、写作累了，抬眼看看远山，吹吹海风，这样的书斋生活真让人羡慕。

我没有去过郑老师、鄢老师家的书房。疫情防控期间画书房，请鄢老师发来书房照片，一看，太喜欢了，这正是我想象中最好的书房模样。而郑老师在接受采访时也说，苦于书多成灾的局面，人都变成书奴了，也深感对不起鄢老师，把她的空间挤占得很小。但是，对于像郑老师这样的爱书人，埋首书堆又有说不出的乐趣，尤其是退休以后，平常不怎么出去，卧游在书堆中，有一种不可言说的快乐和幸福感。这大概是所有爱书人的共同感受。

书房是读书人的精神空间，每个读书人都以自己的方式构建这个空间，传达出书房主人的志趣和情趣。我喜欢拜访读书人的书房，也因为在这里，人与人之间的交流特别真诚，特别投入。读书人那些傻傻的、可爱的一面表露无遗。真希望早日有机会可以去郑老师书房"知不足轩"看看，听郑老师一本本讲述那些书的漂泊故事，以及那些年的美国淘书故事。

今天，我们先以这种方式走进和认识郑培凯先生和他的书房。

◎关于在台湾时期的阅读史

绿　茶：您在中国台湾出生、长大，您的阅读史跟大陆学者应该
有很大不同，可否先谈谈您在台湾时期的阅读史？

郑培凯：三岁左右，母亲教我识字，她给我买了很多小人书，这
些书把文学著作转换成小孩可以看得懂的形式，上面有
注音符号。那时候看的儿童读物主要有两种：一种是以
文字为主的，当时有两本杂志，一本叫作《东方少年》，
另外一本忘了叫什么，都有注音符号在旁边。刊登的主
要是中国历代古典文学，《三国演义》《西游记》《水浒
传》等都是那时候看的。

另外一种是图画书，也就是小人书。一类是讲中国的，
大多跟戏曲、小说有关，通常是由戏曲故事改编的。另
一类是外国的故事，印象最深的是我小学一年级的时
候，母亲给我买了一套《奥德赛》，那些图画非常好，
给我留下深刻印象，而且是一个关于漂流、探险的故
事，我也很喜欢。

二十世纪五十年代的台湾，从小学到初中、初中到高
中、高中到大学都要考试，所以我们从小学开始，语文
的要求很高，训练也很严格，这对我后来很有帮助。上

了中学以后，学校里有一座不错的图书馆，有很多书可以看。由于小时候有半文言文的阅读印象，读起来就比较容易进入。

那时候我已经开始喜欢文艺作品，喜欢写作，但能读到的白话文作品只有朱自清、徐志摩的，其他左翼作家如鲁迅、巴金、老舍、茅盾的作品等都是禁书，我们中学生根本没机会看到。不过有一个例外。我有一个同学家里有一本《鲁迅自选集》，同学们传着看，后来那位同学把这本书送给我了，这就是我读到的第一本鲁迅的书，当时年龄小，读不懂鲁迅那些作品真正的用意是什么。

另外，我有一个表哥，岁数比我父亲还大，他是北大的学生，"五四"运动时期参加过学生运动，他家里有很多书。我时常去他家看书，看了一些当时的禁书。主要是一些俄国文学，如屠格涅夫、托尔斯泰这些作家的作品，当时他们的作品在台湾也是禁书。

台湾本地的文学，也看了一些，总觉得写得不太好。有一部很有名的小说叫《蓝与黑》，王蓝写的，觉得实在不怎么样。倒是徐速写的《星星·月亮·太阳》，我觉得还不错。不过当时的台湾能看到香港出版的书。香港的美国新闻处请了很多文学名家翻译美国文学，张爱玲、余光中等人都参与过翻译，这些作品翻译了很多，借这个契机我读了不少美国文学。

还有就是金庸的作品，当时在台湾也是禁书。我有个同学家里很有钱，从香港走私过来一套《射雕英雄传》。不过，《射雕英雄传》当年是一章一章出的，一章就是一小册，我们借来读是借到哪章读哪章，经常是读完第三十七章，下一次读的却是第三章，颠来倒去地读。这个阅读经验很苦，但是也很有趣，自己要在心里把这些凌乱的情节组织起来，对我日后的写作挺有帮助的。

除了这些白话作品，我也读一些古典的东西，比如蒲松龄的《聊斋志异》，没有翻译，没有注解，就这么硬着头皮读下去，也就慢慢读懂了。对于中国古典文学，就是从这本书开始进入的。初中时有一个同学，他是瘸子，平时不怎么跟同学玩，但他和我关系很好，我们经常在一起读书。当时，我们一起读《郑板桥集》，这是一个古籍的司徒文膏刻本，读的时候还要自己断句，这对我的古典文学修养很有帮助。

高中时的一次阅读经验，对我读古书也很有帮助。我家里有一套艺文印书馆版的《资治通鉴》和《续资治通鉴》，是父亲帮朋友买的，结果没拿走，就留在我们家了。我拿一支红笔，点校《资治通鉴》，这次的阅读经历给我后来读古书打下了良好的基础。

我真的非常喜欢读书，人也像个小海绵一样，吸收能力非常强，那时候还有点叛逆，对新的东西特别喜欢。李敖编的《文星》杂志和《文星丛刊》对我影响很大。那时候，母亲每天给我五元新台币吃饭，我每次都留下一两元，吃得简单一点，日积月累攒的钱就用来买书，《文星丛刊》和很多古典小说，都是那时候省下的饭钱买的。

高中时我也开始尝试写作，主要写诗和散文，我以为将来会做诗人呢。我也读了很多诗，跟余光中、周梦蝶、郑愁予这些台湾诗人关系都比较好。周梦蝶当时在街上摆书摊，随时可以去找他聊天，我们关系一直很好。余光中是我的大学老师，教我英诗。

我大学读的台大外文系，因为中文系不教文学，基本上只教经学，我不想去做考据，于是选择外文系，我想知道外国的文学。但是，外文系的老师们也不怎么教文学，有一些神父挺有学问的，但也是研究型的，对我们文艺青年没什么吸引力，读了几年外文系觉得无聊。到大三时我决定改读历史，我要对整个文化、文学、艺术的历史全面了解。但台大到我读大三时不让转系了，我只好把外文系和历史系的课统统都修了。那时候觉得，学这些没什么难的。

这就可以看出，台湾的教育制度是很有问题的，应付学校里的东西太容易，太稀松平常了。这个跟我后来在美国教书完全不一样，美国大学其实真能学到东西，所以这个也让我很有感慨。在台湾大学里读书，如果想要有所突破，都要靠自己摸索，当然，也很辛苦。

我上大学时，台湾其实出版了很多大陆学者的著作，但都会把作者名字抹掉，比如，朱光潜的《文艺心理学》《谈美》等我都读过，但不知道作者是谁。我还买到过一部《中国哲学史》，是一九三六年的版本。大学老师会偷偷告诉你，这是冯友兰的著作。还有一位土豪同学，他家有一套《古史辨》，当然也是没有顾颉刚的名字，我也是求爷爷告奶奶借来看的。那时候我们学知识的渴求是非常惊人的。

对于在台湾时期的阅读史，我大概就分享这些，不过还有个后续。一九七〇年我到美国读书后，疯狂地阅读夏威夷大学里的中文藏书，尤其是在台湾被禁的"五四"

运动以来的白话文学，包括所有杂志。夏威夷大学中文图书馆在美国大学里排名大概第五、第六位，有很丰富的中文藏书，那些年在台湾看不到的书，我要借这个机会统统看完，非看不可，便天天泡在图书馆里。

◎关于在美国淘旧书

绿　茶：在美国的几十年，是您的买书、读书、教书和写书的主要时期，一定又是一段生动有趣的阅读传奇。

郑培凯：我从小喜欢书，这个恐怕是改不掉的毛病了，但我不是收藏家那种类型，我主要买自己感兴趣的或研究领域的书。有些书我也知道很有版本价值，但只要不是我用得着的，我也不买。我最喜欢去各种各样的旧书店找书，到耶鲁大学读书以后，附近有很多旧书店，纽约市区也有很多旧书店，耶鲁大学所在的纽黑文郊外，有很多乡间旧书店，这里有很多世家，老人走后藏书就流入旧书店。我在纽约、纽黑文、波士顿和普林斯顿这些城市生活了三十年，这一带的旧书店都逛遍了。

纽约旧书店，主要在百老汇街和第四大道、14街以南这一带，18街也有一些。但是这些年，美国的旧书店也面临很大困境，老一代的人走了以后，年轻人不喜欢再经营旧书店了。疫情之前我去美国的时候，看到以前常逛的旧书店很多都关门了。

在纽黑文郊外，有一个旧书店叫惠特洛克书仓，这个书店我印象很深。离耶鲁大学开车二十分钟左右，郊野的风光特别优美，还有一个小瀑布，我经常到瀑布附近先吃饭，欣赏风景，休息一下再去买书。这个家族把自己家的马厩改造为书仓，书很多，我很多旧书都是在这里买的。惠特洛克书仓的书，很多是十九世纪或二十世纪的旧书，还有很多跟中国有关的书，而且都不错，一般都三五美金。我很少买那些珍本书、签名书，不光是价格的问题，主要是我不藏书，只买自己有兴趣读的书，我也买过二十多美金的书，但这是自己真想读的书。

我纽约的房子很大，有两层，楼上有一个很大的书房，定制了四米多高的书架，还有梯子。楼下的三个房间，有两个也都做成了书房。在美国这些年陆续收藏的书，有两三万册吧。

来香港城市大学组建中国文化中心，以为两年后就可以回美国了，后来发现还有很多事情要做，就辞掉美国的终身教职，不好占着那个位置。我那些书就委托朋友和弟弟帮我处理，打包了几十箱运来香港，还有大量的中文书籍捐给纽约皇后区中文图书馆，那里住的中国人多。还有很多很多书，实在不知道漂泊到哪里去了。

不过有一些跟个人情感有关的书，我会珍藏起来。像一本《明代版画图录》，顾廷龙编的，一九四〇年出版。类似这种书，我会带在身边。顾廷龙先生一九八六年在美国的时候，住在我家，他看到这套书，就在上面题了字，我觉得蛮珍贵的。他当时还给我写了很多字，那些字都被人拿走了，这套书我一直带着，所以留下来了，算是我对顾老先生的一个留念。

◎关于香港书房

绿　茶：书籍经过漂泊，最后落户香港。香港书房的格局，大致给我们介绍一下吧。

郑培凯：我到香港大概十年后，在郊外买了一个比较大的住所，开始慢慢建自己的书房。我对书的分类，有自己的一套系统，跟图书馆完全不一样。

我的分类大概是这样子：第一书室，主要存我的主要研究方向的书。戏曲研究、昆曲研究是重头，另外还有明清历史，特别是跟文学、艺术有关的书。同时还包括西方的戏剧和戏剧理论等书籍。相关的参考书和资料等，也都堆在这些书籍上面。还有索引、字典等，以及各种工具书。自己写的书，也都放在这里。

还有一间卧室变成了我的第二书室，里面基本上是明清的文集。另外，我有一阵对敦煌感兴趣，收了很多这方面的书，一些敦煌学家也赠了我一些敦煌书籍，现在已经不少了。此外，还有中国历史、地理的，地方史志、地方志等书籍也都在这屋，我曾经研究过泉州、苏州、杭州等，这些地方史志都留了不少。

另外还有一间次卧。这里主要放艺术书、画册，还有很多是跟我写字有关的东西，有很多纸，还有文房的东西等。我买了一个很大的樟木箱，把一些书画相关的纸、画册等码放在一起。

最大的卧室是我现在住的地方，也堆满了书。我的房子很高，有好几米，我的书架都是通到屋顶。主卧这里的书架上，全都是诗集，这可能跟我小时候想当诗人有关。

这就是我家的四个书室，很对不起鄢秀老师（郑培凯的夫人，翻译学者），她的空间就变得很小，第一书室有一架翻译有关的书，那是鄢老师的研究书籍。但其实我和她研究的很多东西有交集，比如中国思想史、经典翻译、中国古代哲学等，她的研究中也有涉及。

我们的客厅和饭厅，才是我们真正的书房，我们在这里读书、写作。这一片区域蛮大的，有十六架书。我们又买了很多小推车，上面放满书，可以推来推去，相对好活动一些。但整个空间已经被完全占满了，没法让朋友来做客，连吃饭的地方都没有了。

这边的书架比较大、比较结实，大量艺术画册、考古方面的书都在这里，还有二十四史、《资治通鉴》这些大书，以及古典文学，从《诗经》往下都有，基本都放在客厅。还有几个书架放的是中国茶书，比较常用，就放在书桌旁边。饭桌变成了我写字的地方，上面有文房四宝，吃饭只能临时找个小桌用一下。

卧室里堆书，不是一个好习惯，这很不合理，而且很不应该。在香港人眼里，我这是败家啊，在这么寸土寸金的地方，我的房子用来堆书，这简直是荒谬绝伦，可是这个习惯从小就种下了，实在改不掉。堆的书太多，慢慢就越来越不好用了，很多书我知道在哪里，但已经没有体力去把想找的书找出来了。

有时候想，我家书房这个样子，人就变成书奴了，书就一直占着你家最重要、最好的位置，而且永远这么占着，人只能去适应或不断缩小自己的空间。但是，对于爱书人而言，尤其是退休以后，平常不怎么出去，畅游在书堆中，又有一种不可言说的快乐和幸福感。

◎ 关于师辈的影响

绿　茶：人的一生会受到不同师辈、长辈的影响，您的求学之路遇到很多良师，能谈谈他们对您的影响吗？

郑培凯：我高中的时候开始对古典文学感兴趣，高三的语文老师，叫祝丰（司徒卫）。他后来是大学教授，学问很高。他是台湾第一本书评杂志的主编，因为视网膜脱落，眼睛坏了，有一些事情不能做，所以到中学做老师。我时常向他请教一些问题。有一次，我问他怎么读《诗经》，有没有好书可以推荐。他给我推荐了一部宋朝严粲的《诗缉》，我买的是清朝的一个版本，就是严粲的《诗缉》的影印本，我就逼着自己看，还要断句。这些古典文学的学习，在我后来的研究生涯中，都有着潜移默化的影响。

到美国后，我主要有两位老师，一位是史景迁，另一位是余英时。史景迁的书房是典型的学者书房，主要专注清朝一代。他家很大，书房也很大，后院也很大，有个小房子，就把一些书都放在小房子里。他的研究跨度很大，经常三四个研究计划同时进行，研究室里有一个，家里书房还有一个，后院的小房子里还会开展一个研究计划，把每个计划都做成独立的项目，在不同的空间里展开研究，不同空间会给他的研究带来不一样的灵感。

当然，我有什么疑问，也会向他请教。史景迁教我最重要的一点，就是要博览群书。他自己的学问是中西兼通的，既是欧洲历史专家、欧洲文学专家，也是中国史专家，又精通很多种语言。他写《王氏之死》的时候，看《聊斋志异》，除了看中文，他还看翻译本，他有一个翻译本是意大利文的，他说要对照着看看人家是怎么翻译的，会吸收一些翻译的经验，然后把它列出来。

余英时在耶鲁时，他的研究室很大，退休后在家里也建了一个很大的书房，书房里有大量的四部丛刊、四部备要以及古人集部的各种文集，他涉猎很广。余先生在哈佛的时间很长，哈佛燕京图书馆真的很好，对他的研究和读书提供了海量的资源。我也在哈佛费正清研究中心做过七年的研究员，那时候在图书馆里，在借书单上总是看到杨联陞、余英时借阅的书，我就跟着他们看，对我帮助很大。

◎关于研究和写作

绿　茶：您的阅读路径以及师辈的影响，对您之后的研究和写作
　　　有着什么样的帮助？

郑培凯：师辈的影响，对我自己做学问的确有很大的帮助。中学
　　　时，因为遇到祝丰先生这样的老师，打下了良好的中文
　　　基础，这对以后的学习和研究很重要。到美国后，广泛
　　　阅读了二十世纪三四十年代的新文学。读完这些，对晚
　　　清文学和民国新文学有着很强的兴趣，也使我对整个中
　　　国近代史产生了强烈的兴趣。

　　　"五四"运动追求的个人自由、自我解放、心灵的开放，
　　　晚明也有这个倾向，我后来对晚明，也就是十六七世纪
　　　的中国思想界、文学界、艺术界所追求的个人意义和文
　　　化的意义，以及文明到底是在追求什么产生了浓烈的兴
　　　趣。这样一来，就很麻烦了，我就对最早期的全球化、
　　　全球化雏形的世界历史、世界文化的发展产生了兴趣，
　　　对十六世纪之后，西方的文化、思想、艺术等非常感兴
　　　趣。晚明时候的中国也相当开放，这之间有什么必然的
　　　联系或比较的关系吗？我就一直思考这些问题。

这样陷进去后，又成长出一个个独立的小领域，比如对艺术史的兴趣，源于我对晚明书画的兴趣，因为我自己也写字。文学就更不用说了，同时，对那一段的历史也深感兴趣，并研究文学和艺术在历史中的思维脉络。我强调历史研究，就是所有的研究对象都在那个特定的历史时空中，是很具体的生活场景，如果没有这些研究，艺术史的研究也就显得很空泛。我当时主要研究李贽、汤显祖等，研究他们的生活环境和当下处境。

我研究汤显祖，当然会碰到"临川四梦"，如《牡丹亭》等名剧，可是在美国时没看过昆曲演出，直到一九九二年回到台湾，看到真的昆曲在舞台上演出，那真是惊为天人，整个人感受到极大的震撼，也让我对汤显祖的作品完全立体起来。我对戏剧的研究，就是从看了昆曲演出开始的。这就变成一个活的领域，而不是在书斋里做研究。包括茶文化研究也是这样，我在各地喝到各种各样的茶，对于茶的研究自然也就活起来，立体起来了。

慢慢地，我开始从思想史转向生活史。人活着要追求美好的东西，而这些生活史的东西是我们文明发展中很重要的一个方向，是我心里念兹在兹的东西，也是我希望文明发展中必须呈现的一个面向。后来，我又研究十六、十七世纪陶瓷外销的问题，也是从茶文化研究延伸开来的题目。

综合起来，我的研究方向大概有这么几项：昆曲、戏剧、茶、食物、陶瓷以及非物质文化遗产等。此外，我还研究几个具体的古代文人。其一当然是汤显祖，研究了五十多年了。然后就是苏东坡，很多人都在研究他，我也是真的喜欢苏东坡。最近几年，主要在研究苏东坡、苏东坡的文集和诗集等，翻来覆去不知道看了多少遍，有时间就尽量写写苏东坡。此外，还有陶渊明，他也是我一直喜欢并有兴趣研究的人。

（郑培凯　口述　　绿茶　撰写）

◆ 韦力书房 · 芷兰斋 ◆

每次走进芷兰斋，都有种穿越到古代的感觉，
那些历经岁月洗礼的书籍，散发着古中国的气息。

—— 绿茶·二〇一九·八·十六 圖

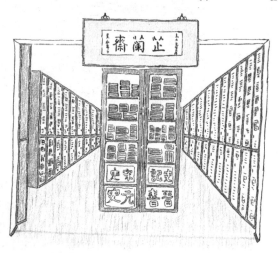

书房主人
韦力

藏书家，收藏古籍善本八万余册，拥有个人藏书楼"芷兰斋"。著有《中国古籍拍卖述评》《芷兰斋书跋》《古书之美》《失书记·得书记》《书楼觅踪》"书店寻访三部曲""传统文化遗迹寻踪系列"等。

韦力

古中国的书香

每次走进藏书家韦力先生的"芷兰斋",总有种穿越到古代的感觉,那些历经岁月洗礼的古书,散发着古中国的气息。

韦力先生的"芷兰斋"由相邻的两套近六百平方米的单元房组成,书架均高顶到天花板,书架间留不足一米的过道,过道上堆散着一些没来得及上架的书。靠南的一扇窗户边,放着一张桌案,案上杂乱地堆码着一些古书,韦力平时会在这里做些编目工作。

"芷兰斋"牌匾系著名版本目录学家、藏书家黄永年先生所题,牌匾下方的几排书架,整齐码放着史部之二十四史书箱,而韦力的藏书也是严格按照四部分类法清晰摆放的,经、史、子、集各有居所。从二十世纪八十年代到现在,韦力的古籍珍藏总数近八万册,共二十万余卷,其中宋元版近百部,明版一千余部,名家批校本及抄校本数百部,活字本千余部,珍贵碑帖数百种……

几十年的藏书经历，韦力对自己的藏书志向也曾迷茫彷徨过，但现在，韦力已经很明确自己的志向："我不是把书的内容当作研究对象，而是把书本身作为研究对象。西方和日本都有这种专门的学科'书志学'，但中国没有，我希望研究中国自己的'书志学'。"

他的每一部著作都下了笨功夫和真功夫。自一九九七年起，二十多年来辗转大江南北，按照自己藏书的经、史、子、集四部，梳理出几十个寻访专题，按照自己的节奏，合理同步地展开寻访，并且以超出想象的高产出版了包括"觅系列""书楼系列""琼系列""书店系列"等几十部著作。韦力每一次寻访的路径在不同书里会形成有形的关联，比如一段寻访之旅，既寻访"觅系列"中的古人遗迹，也顺便走访了几个书楼或书院，同时过访了途经城市的旧书店以及这个城市里的藏书家或文化人的书房等，这样对照着看，一年出那么多书的"秘密"就显出端倪来了。

和韦力熟的人都知道，他是很自律的人，更是很讲效率的人，一切为了他的"古书"，其他方面尽量能省则省。早些年，他是很低调的人，很少接受媒体采访，更不愿意接受拍照。不是在访古，就在访古的路上。

在经历二〇一三年腿受伤的生死考验后，韦力的寻访之旅有所放缓，但依然没有停下脚步。生命无常的体验让韦力越发珍惜时间，进入"井喷式写作",希望用最快的速度把历年的寻踪之旅一一成书。

他心中有一张蜘蛛网式的寻访地图,涉及规划中的十几个寻访系列,"觅系列"就是十二套体量的规划,包括经学、理学、文学、诗词、宗教、历史、艺术等十二条主线中的人物和遗迹。还有书楼系列、藏书家之墓系列、官书局系列、书院系列等,每到一个地方,连带着把不同系列中的不同人物全套进来,一网打尽。随着寻访网络的扩散,又扩展出很多副产品,如旧书店系列、书房系列等。

突如其来的疫情打乱了韦力的寻访节奏,他计划中的寻访线路总是零星有各种疫情,包括他寻访了多年,终于于孔子逝世两千五百周年之际出版的《觅圣记》,其中还有很多跟孔子及其弟子有关的地标没来得及寻访。

早已习惯走在寻访路上的韦力,突然宅在书斋里,的确很不自在。不久前,约韦力先生在咖啡馆聊天,两位书虫就以"答问录"的方式表达古书之爱。

绿　茶：为什么要藏书，其意义何在？

韦　力：回答这个问题之前，首先要想一想活着的意义何在。古人说"生年不满百，长怀千岁忧"。虽然说现在生活条件好了，有不少的人真正达到了相期以茶，但那行将就木的感觉至少我看来并不舒服，司马迁的那句名言"人固有一死，或重于泰山，或轻于鸿毛，用之所趋异也"早已被人用得俗烂，却很少有人品味这句话的真实含意。也许是我的错觉，私下里讲崇高已然是令人嘲笑之事，但即使嘲笑着终归也难免于一死，既然死是永恒的并且是不可避免的，而每个人真正能够把握的就那么短短的几十年，年少时轻狂不更事，年老时多苦多病，余外每个人能够自由把握的自如时间就变得更短。而这其中还包含着多少场的爱恨离别，能拿来真正快乐的时间没有多少，当然你的快乐发挥到各个方面，而藏书不过是其中的一种，但既然你很不幸有了这样一个爱好，那你就将其努力地发挥到极致。套句高尔基的话来说，那就是"让快乐来得更猛烈些吧"。

绿　茶：藏书需要具备什么条件？

韦　力：这要看你想藏到什么程度，如果只是买一些自己喜欢的书，从阅读中得到快乐，按严格意义来说，其实这是读书而并非藏书。当然藏书也有不同的层面，如果你有志收藏高端善本，那么首先要具备三个条件：有钱、有闲、有知识。即使你喜欢收藏通行本，如果你不懂得加以节制——当然了，骨灰级爱书人不知道"节制"二字作何讲——那么你将发现家里堆放的藏书越来越多。刚开始你会买一个书架来盛放心爱之物，随着书架的增多，你需要单独腾出一间房屋，再后来，家中的各个角落都是书。如果经济实力允许的话，你只能建一座书库或者书楼了。当然这要看你居住在什么地区，如果是在北京，那你惨了，因为你所藏普通本的价值恐怕还赶不上你所建书楼的价值。

绿　茶：假如没什么钱，能入藏书的坑吗？

韦　力：这一问很难回答，因为啥叫没钱，不好确定。以往没饭吃叫没钱，现在吃得一身肉，自称请不起私教减肥也叫没钱。但就藏书而言，用一句话来概括，那就是有钱没钱都能藏，有多少钱办多大事，钱多钱少各有各的玩法。总之，藏书是生活的一部分，比尔·盖茨、巴菲特能够活在这个世上，我们这些没钱人也活得挺快乐。只要你喜欢藏书，总会得到发现的快乐，也会从读书的过程中得到会心一笑的快乐。

绿　茶：一般爱书人如何规划自己的藏书方向？

韦　力：回答这个问题，首先要确定藏书的目的，如果是为了研究，他所藏的书既可用发散式，也可以用精准式，以此来搜集能够用得上的出版物。这类藏书人大多是学者或某个行业的专家。如果藏书只是业余爱好，在书的品种选择上就有很大的选择余地，当然是以自己的偏爱为主。将各种喜欢的书摆在家中，这是一种快乐，那当然就要选自己喜欢的内容。

绿　茶：现在入坑藏书，是不是为时已晚？

韦　力：这个话题有如买房，凡是没有买到手的人都会感叹，当年房子如何便宜，后悔当年没下手。如果不限定一个时段的话，这个后悔的过程将是永恒的话题。这又如同买股票，股评家永远叫人做长远的价值投资，但就中国的现状来说，做波段投资的人更容易挣到钱，尽管长期投资的人会嘲笑做波段者，认为他们赚不到大钱。买书也是如此，所谓资深藏书家都喜好拿当年买到便宜书来说事儿，但以我的经验，真正的好书从来没有便宜过。当然捡漏除外。但是，捡漏如买彩票，属于极小概率事件，在此可以不论。

书籍与其他艺术品不同的地方，是它牵扯到太多的门类，没有人能穷尽所有的知识，藏书更是如此，没有一位藏书家能把所有的书中亮点全部看到。也就是说，永远有发现的空间，前提是你是否能练出一双慧眼。还有运气，将这些书汇集在一起，以细大不捐的心态将某个专题相关书籍尽量拿到手，并且能将这些藏书形成逻辑体系，那么，这就是一份重要的收藏。从这个角度来说，从任何时段起步都不晚。

绿　茶：可藏之书大多已入藏书家和图书馆之手，新藏家还能捡到什么？

韦　力：如果以古籍论，确实是这样的。但是近几十年来，市面上还是发现了一些难得之本。我们都知道，大英博物馆藏的唐咸通九年（868）刊刻的《金刚经》是世上已知有确切纪年的最早出版物。很遗憾这种宝物至今还没有见到第二件。既然拿不到第一，其实拿到第二也不错，比如前几天市面上突然出现了一件后唐天成二年（927）的《佛说弥勒上生经一卷》，从时代上说，这一件的刊刻时代比唐咸通九年晚了几十年，但它却是目前中国有确切纪年的最早出版物，所以如果你把它买下来，那至少这件堪称海内第一，终究有一天人们会意识到这件经的价值远比人们想象的大得多。

当然，这只是说古籍，藏书并不只有古籍这个门类。公共图书馆虽然大多是综合馆，但其所藏也会有偏重，换句话说，除古籍之外有不少的书可以作为专题来收藏。举例来说，国家有相关规定，正规出版物有相应的呈缴制度，但是特装本不在此例，有些爱书人特意找出版社制作几种特装本，以此分赠同好，今后人们会意识到这是一个新的收藏专题。当然，搜集这类书并不容易。我记得二十多年前，黄裳先生的一本书只印了两本，他自藏一本，另一本送给了一位朋友。爱好黄裳作品的人很多，如果得不到这一本，就很难将他的作品版本一网打尽。

绿　茶：做一名藏书家的幸福指数有多高？

韦　力：幸福是一种感觉，很难用准确的刻度来予以衡量，我忘记哪位哲人说过一句话：收藏家是最幸福的，因为他总能从所获中找到快乐。其实藏书家也有卖书之痛。当然这种痛也是具有主观性的。清代藏书家方地山说："买书一乐，有新获也；卖书一乐，得钱可以济急也；卖书不售一乐，书仍归我所有也。"我觉得无隅先生的幸福指数就很高，买书有得书之乐，卖书有得钱之乐，卖不出去仍然能为之一乐，因为书还在自己手中。这就是极佳的心态。

传统藏书家因为得书不易，故总希望世守陈编，可是他们又担心自己撒手人寰后，后辈很快将他的书处理掉，于是他们会把一些诅咒语刻成藏书章钤在书中，希望以此来警告后世，不要有此鲁莽之举。比如唐玄宗宰相杜暹藏书万卷，他在每部书上都写着这样几句话："清俸买来手自校，子孙读之知圣道，鬻及借人为不孝。"他说自己靠薪水买书很不容易，所以——予以仔细校勘，希望子孙们能够从中明白做人的道理，凡是卖出他的书，或者将家藏借给别人，都算不孝的行为。在古人的概念中，不孝是很严重的一件事。

不将家藏卖出可以理解，但是不借给别人看，这有些极端，所以后代藏书家对这种说法略有改变。比如清代宁波藏书家徐时栋写了首《烟屿楼藏书约》，此约的最后一句是："勿出示俗子，勿久假（借）他人。"不给俗人看书，是担心书被损坏，但是借给读书人还是可以的，只是不要久借不还就行。可见古人为了保护自己的藏书，是何等患得患失。无论他们怎样警告，藏书大多还是散了出来，由此说明，书籍是流通物，将它们禁锢一处，不是藏书的正道，因为你的所得，永远是别人的所失，你以得书为乐，就很可能有一个人正在以失书为苦，所以说，藏书家也不是时时快乐的。看到别人在心态上的患得患失，也会影响自己的幸福指数，唯有能做到方无隅那样达观的人，才是藏书家的最高境界。

绿　茶：藏书最大的烦恼是什么？

韦　力：这个问题最好回答，缺钱是最大的烦恼，如果你不是以古旧书买卖为生，那么你的藏书其实是一个活钱变死钱的过程。即使你家里有一座金山，但随着你眼界的增高，那座金山也不够花。资金来源有限，而爱书之情无穷，因此说，无论你有多少钱，只要你喜欢上了藏书，你丝毫不用担心花不完。而最为吊诡的是，每当你把手中的钱花到弹尽粮绝时，你会发现更好的书在那里向你搔首弄姿。面对美人徒唤奈何，当你误入爱书圈时，你早晚能够体验到这其中的酸涩。

与之相关联的问题，前面已经提及，那就是随着藏书的增多，你会发现家里的地方越来越不够用，而唯一的办法，你只能再拿出一笔钱来专门买一套房或添一座楼，而此时你的爱书病已病入膏肓，你不愿意抽出一笔钱来买房。左右为难的纠结，只要你爱书，你终有一天会体会到。

当然了，你若已成家立业，家中的地盘非你一人所有，你的爱好很难传导给妻儿，而你把所有的精力用在藏书和研究书方面，显然牺牲了不少照顾家人和做家务的义务。更何况,你源源不断买来的书不断地侵蚀家里的各个角落,而家人也不断地问你,你买到什么时候才是头。当然如果你撒谎水平很高的话,你可以长期不重复地把你的故事编下去。但终究有一天,你堆放的书让家人忍无可忍,大吵一架也不是没可能。想来,这也是爱书人的烦恼之一吧。

绿　茶:家人反对买古书,这事儿怎么办?

韦　力:回答这个问题难度有些大,并且是普遍存在的问题,相比较而言,女性更喜欢干净漂亮、装饰性强的东西,而古书在外在美上有所欠缺。书不同于字画、瓷器、杂件或红木家具,因为这些东西给人带来的美是直观的。除此之外,女性更喜欢实用性强的东西,比如古代的玉件可以悬挂,古代的首饰同样可以佩戴起来,让女性觉得这是一种复古风,但古书既不能悬挂也不能佩戴,只能朴实无华地摆在书架上。

在一般人眼中,摆一部孤本宋版书跟当下的一部影印本似乎区别不大,更何况,古书经过千百年的留传,除了藏书家对它的偏爱,大多数人会觉得这些古书风尘仆仆,而女性觉得它不知经过了多少代人的摩挲,故对其有着本能的排斥。更重要的原因,则是买古书需要消耗不少银两，所以大多数女性会觉得古书既侵占家中有限的地方，还耗费许多金钱，这些都被视为不可饶恕的缺点，故她们不喜欢古书也是情理之中的事情。

但凡事都有例外，历史上也有一些夫妇共同藏书，这种状态显然让藏书家心生欢喜，他们为了表达这样的心境，会刻出夫妇共同的藏书印，比如著名藏书家徐乃昌、刘明阳都刻过这样的藏书印，但这恰好也说明了如此琴瑟相和的藏书家不多。如果你翻看西方的谈书之书，会看到不少夫妻为买书而生气的故事，故有的藏书家只好以骗的方式来解决这个矛盾。比如国外有个藏书家，他想办法积攒下一些私房钱，而国外旧书店卖的书都会用铅笔在书上标明售价，这位老兄都是将买到书的价格用橡皮擦掉一个零，以此说明他是因为捡漏才买回的这部书。等其故去后，其妻售卖这些藏本，没想到卖出的价格远远比她想象的高十倍以上，这令其后悔没让丈夫当年多买些书。这个故事读来多少有点苦涩，但这也说明了藏书与生活之间的矛盾。

俗话说，家不是讲理的地方，如果你能说服妻子同意自己无节制地买书，那真要恭喜你了。如果不能的话，看来骗是一个好办法，但凡事都要有个度，毕竟家里的钱是夫妇的共同财产，你都拿去买了书，显然会影响另一方的生活质量，对方对此表示不满也没什么错。所以我建议买书还是要量入为出，毕竟花钱永远比赚钱容易，还是多动脑筋如何广开财源，收入多了才是买书的王道。

绿　茶：作为当代藏书家，除了个人志趣外，您的使命感是什么？

韦　力："使命感"这个词，在今天好像不太流行了，我是二十世纪六十年代生人，这一代人曾经背负了太多的使命感，哪怕是口头上，人人都会挤出这个词。一个人是否喜欢反思历史，有性格问题，也有观念问题，于此皆不论。因为与今人谈到使命感，即使不遭侧目，也会被人视为伪君子。尽管有人拿我调侃说，韦力是君子，可惜姓书，但较真儿地来说，我还没有那种没由头的使命感。我总觉得，古人著书很不容易，书籍又那么脆弱，历经劫难留传到我手里，幸也、悲也。书不会说话。就像人们养宠物，貌似理解了动物的需求，为它做这做那，是否如它所愿，这事永远没办法向它求证。

想来，书也要认命，我会用自己对宠物一样的泛滥爱心，去仔细呵护这些典籍，总希望它们的寿命能更长一些，让人类不至于虚无。当然，你不可以问我，虚无了又如何，这的确是个死结。人类与动物不同，就是知识与经验的积累，古人凝练思想，除了书籍没有其他的媒体，人类的发展正是借鉴前人的经验，站在巨人的肩膀上越走越远，越走越高。书籍是了解过去的最重要途径，也是跨越未来的基础，有什么理由不好好保护它们呢？

杨朱曾说"拔一毛而利天下，不为也"，其实这是人们对他思想的误读。如果能够客观地品味杨朱的这句名言，你会发现它是现代文明的基础，他对人跟人之间的关系做出了最基本的界定。的确，人有自私的一面，但如何理解"自私"二字，儒家的三立算不算自私呢？这事不好评论，但是，如果把传承文明也视为自私的话，那么就自私好了。总之，人活在世上，总要找点价值，当然体现价值的方式多种多样，保护和传承传统典籍只是其中之一种。人生有涯而欲望无涯，我能做出这么一点点，就觉得可以沾沾自喜一下了。从这个角度来说，我的心态可以用"虽千万人吾往矣"来形容。

我在读古人的传记时，时常看到他们从出生那一刻起就有各种异象，比如红光满天、神龙入怀等，我也多次问过我妈，我出生时有没有异象，我妈说曾经梦见王羲之送给她一支笔，我觉得她要么是骗我，要么是想鼓励我好好写字，因为我从小写字就很烂，没能应了这个祥瑞。不过我的心愿是她梦到老子交给她一把钥匙，那是国家档案馆的钥匙，这样我就可以把里面藏的甲骨和竹简堂而皇之地运走，那场景，想想都食指大动，肯定比阿里巴巴的四十大盗发现藏宝洞更爽。遗憾的是，到如今一把年纪，天上一块馅饼也没掉下来，只能靠自己的努力，孜孜矻矻地搜集一些，敝帚自珍地在那里翻来翻去。每当我想到古代大藏书家在那里说这本不好，那本不好时，总想跟他们说一句：你觉得不好，给我呀。

藏书的话题，永远聊不完，我和韦力兄的"藏书答问录"，会持续下去，此为其一。

（韦力　口述　　绿茶　撰写）

◆ 方继孝书房·双序斋 ◆

绿茶先生与我同姓又投缘，多次来寒斋聊天，双谢我的藏品。后来他竟我的书房全凭其记忆绘此如此其逼真，我品位，真堪叹服也。方继孝 二〇二〇年十一月廿八日

信札鉴藏家方继孝先生的「双序斋」排场讲究空间不大，宝贝众多，几乎每一通皆从名人信札，每一通皆从前辈人手中购进……这些书信，是先生毕生收藏研究所得大部都为他藏品，此一南为双序斋小厅，有有收藏的珍籍善本古籍等，也是会客品茶鉴赏之所。每得见请许方先生全堂印章五号馈

绿茶 庚子冬月三十

书房主人
方继孝

书札鉴藏家，鲁迅博物馆荣誉馆员。致力于收藏中国近现代名人的手迹，并潜心名人信札研究。著有《方继孝说书信的收藏与鉴赏》、"旧墨记"系列、《笺墨记缘——我的收藏三十年》《撂地儿》等，整理出版《流云散记》《古琴的常识和演奏》等。

方继孝

旧墨里的真情与性情

认识方继孝先生，最早可追溯到二〇〇二年鲁迅博物馆举办的
"中国民间藏书家精品展"，有五位大藏书家参展，分别是古籍收
藏家韦力、信札收藏家方继孝、来自上海的民国及近代版本收藏
家胡从经、期刊收藏家冯建忠和来自浙江的鲁迅版本收藏家李世
扬。那次展览让人大开眼界，震撼于中国民间藏书居然如此壮观。
韦力和方继孝现在都是我的好朋友，也就借由朋友之便经常去他
们的书房看那些珍贵的藏品。韦力的芷兰斋总让人真切感受到古
中国的味道，从芷兰斋出发，韦力这些年走遍大江南北去寻踪大
地间点点滴滴的历史信息，进而成就他"人文寻踪"系列丛书。

方继孝先生的双序斋则素朴、雅致，没有大书架，但有一个大大
的保险柜，这里珍藏着他一万多通名人信札，一张一张整整齐齐
地插在文件夹里，按不同主题、不同人物、不同时代等分门别类。
这些泛黄的信笺、纸片，有着丰富的时代信息，每通信札又有着
精彩的历史和故事。

信札和其他藏品不同，每一封信都是独一无二的，信里的内容更是蕴含着丰富的信息，还有寄信人和收信人之间的情感和性情。研究信札，需要对历史饱含深情，对过去的故事有深深的敬意，这些"私密"的交往，与今天的我们有着一种微妙的联系，冥冥之中递传至今，这是历史的必然。

方继孝先生埋首信札，用他专业的眼光和海量的史料处理能力，整理和书写了很多作品，这些年出版了十几本著作，因为这些信札本身的唯一性，令每一本都十分独特。其中，已先后出版六卷的"旧墨记"，更是让我们看到信札中的丰富世界，有些人还从这些披露的信札中获取更多的信息，佐证更多的历史。

疫情防控期间，方继孝先生依然笔耕勤劲，出版了《笺墨记缘——我的收藏三十年》，讲述他三十年收藏史中，对他有重要影响的收藏活动、收藏故事以及相关信札等，从中可窥见一位收藏家的真性情。最近又出版了《京剧从这里走来》，这是他多年收藏京剧信札和资料的阶段性成果，是徽班进京二百三十周年纪念活动中重要的出版物。此外，还有早先整理、如今已出版的查阜西的《古琴的常识和演奏》，也在古琴界产生了很大影响。

今天，一起走进方继孝先生的书房，听他讲述更多收藏及其背后的故事。

绿　　茶：您的书房叫双序斋，有什么典故吗？

方继孝：二十世纪九十年代，老跑潘家园，一九九三年的一天，刚到潘家园，一个书贩给我看一口袋人民文学出版社的旧信函。白色尼龙编织口袋，里面的东西都是一团一团的，有文稿、信件、发稿单、出书合同等。我就一点点地在里面掏，掏出茅盾的《鼓吹集》亲笔所书序二页，还有巴金的《新生》亲笔所书序一页。当时兜里只带了三百元，怕小贩不卖给我，还好最后这一口袋三百元成交。因为这两篇序，我就给自己的书房起名"双序斋"。

绿　　茶：双序斋我去过好几次，非常喜欢您家书房小而雅的味道，您是如何为自己营造出这样一间书房的？

方继孝：直到二〇〇三年我买了这个大房子，才真正算拥有属于自己的书房。书房可算是我唯一的精神寄托，生活的乐趣主要也来自书房。我的收藏、我的写作也主要在书房完成，所以每次只有在书房，我才能真正觉得进入自我的世界。书房也给我带来了一些荣誉。就在这间四十多平方米的书房里，我完成了两件人生中的大事。

　　一是，我的重要藏品都在书房里。我另外还有一个堆放藏品的地方，是一个两居室，但重要的藏品我都转移到身边这个书房里了。我的收藏主要有两类：一是名人手札，这个量很大，有一万多通，是从一八四〇年以后到新中国成立之前的文化名人手札；二是文房，偏重于金、银、铜、铁、锡等金属类文房。

二是，我在这间书房里整理了三本书。一本是溥仪的自传《我的前半生》。我大概用了十几年时间，收集齐了溥仪的自传《我的前半生》不同时期的珍贵版本，包括溥仪亲笔批校本（上、中、下）、油印本、油印大字号本、母本、灰皮本，等等。其中，溥仪自己的批校本更是世间"孤本"，这本书由群众出版社出版，影响很大，属于常销书。

还有一本是孟超的《流云散记》，虽然是个小册子，但整理过程非常麻烦。而且，孟超又是一位鲜为人知的作者，这本杂文每一篇都像一把锋利的匕首，很犀利。孟超是左联成员，鲁迅非常欣赏他。读过这本书的人，都认为我挖掘了一位很重要的作家。

二〇二〇年，又整理出版了古琴大师查阜西的《古琴的常识和演奏》。这本书在古琴界引起很大的反响。一九五九年年初，古琴家查阜西编写了一本《古琴的常识和演奏》，讲述了古琴的历史、结构、装置、音色、演奏常识等，并有若干手绘图。当时，只刻印了几十本，供小范围传播、使用。我在保存的陈梦家夫人赵萝蕤的一些书札、稿件中发现这本小书，还发现了查阜西先生当年为赵萝蕤亲自整理抄录的古琴谱一册，以及查阜西与陈梦家夫妇谈古琴的信札等。我就把这本小书加上他们之间的书信整理好，并撰写了后记，详细讲述这中间的来龙去脉。

除了上面整理的三本书，我还写了七本书。包括《方继孝说书信的收藏与鉴赏》《品味书简》《撂地儿》《笺墨记缘——我的收藏三十年》等，还有"旧墨记"系列，已经出版了"六记"。刚刚又出了一本《京剧从这里走来》。

绿　茶：对于您的手札收藏，您是如何分类的，是不是形成了很多大小不一的专题？

方继孝：是的，我有好几个成规模的专题，其中陈梦家是个大专题，也是我近些年重点的研究和写作对象。第一本成果《陈梦家和他的朋友们》即将由三联书店出版。二〇二一年是陈梦家先生诞辰一百一十周年，这本书的出版应该能在陈梦家研究中占一席之地，因为这些材料都是首次面世。我在二〇一四年退休后，干的第一件事就是研究陈梦家，连续干了三年，看了海量的材料，写坏了一只眼睛。二〇一七年交稿，又经过三年反复修改，已经改到第五遍了，终于确定出版。

因为收藏和研究陈梦家，自然也会涉及他夫人赵萝蕤。他们夫妇是分不开的，但他俩一个研究考古，一个研究西方文学，学术上根本没交集，朋友圈也不怎么有交集，做完陈梦家，我还会再写一本《赵萝蕤和她的朋友们》。

另外一个成规模的专题是京剧。这些年，凡是跟京剧有关的手札、史料、照片等都是我收藏的重点，每个月都要为京剧花不少钱，我的书房里可以说收藏了一部"京剧史"。当时梅兰芳当会长的北京市京剧工作者联合会的全部档案，"文革"期间作为敌伪档案被处理掉了，流散到一个旧书店里，我用启功先生的多幅书法换来了京剧档案。据说，后来那些启功先生的书法在一家拍卖公司拍了三四百万。藏品交换没法用金钱衡量，物有所爱，物有所值，我喜欢京剧，收了这批京剧档案也很满足。今年是徽班进京二百三十周年，我用这批资料办了一个展览，还出版了一本《京剧从这里走来》的书。这是数年来京剧收藏结出的硕果。

还有中国文字改革的全套资料，这是中国文字改革委员会当作过期档案处理的，辗转到了一个书商的手里，我以高价买回来。等我把陈梦家的研究做完，《陈梦家和他的朋友们》快出版了，后面还有两本《梦家存札》。我准备把这批文字改革档案整理出来，也是我下一个重点研究的对象。

绿　茶：除了手札和文房，您书房中的书是不是也占很大比重？

方继孝：我大概有两万多册书，这个书房中大概有五千册，这些书主要是为写作服务的，都是读的书。我买书不为藏，而为用，不管贵贱，古籍我也买，现代书也买，只要我用得着，再贵我也买。还有一批书是近代文化名人签名书，如胡适、朱自清、徐志摩、刘半农、辜鸿铭、张爱玲等人的签名书有百余种，这些是附带收藏的，看到了就留下了。我还写了一本关于签名本的小辑《偶得记》，商务印书馆即将出版。

绿　茶：您这些年真高产，看来书房不仅仅是您的收藏阵地，也是您的知识生产基地！

方继孝：是的，我的写作源于收藏，二者是相辅相成的。我收藏的每一件东西，都可以成为研究和写作的线索。但我只能一点点地慢慢做，我现在奔着研究和考据方向去的，需要有丰富的人生经验，有丰富的资料，还要善于抓住主要的研究课题，以及怎么挖出核心价值来使用这些材料。我写东西主要基于自己收藏的手札和资料，这些东西有很强的唯一性，尤其是信，没有一封信是重样的。

绿　茶：您的"旧墨记"很成规模，还要继续写下去吗？

方继孝：写啊，国家图书馆出版社曾经说过，您写了我们继续出。遗憾的是，近些年来没顾上写，我计划把《梦家存札》放到"旧墨记"书系里，作为"七记"和"八记"，现在正在写。有人说，这套书带动了书札收藏的繁荣，很多人都是看了我这套书之后才开始玩书札。听了这个说法，我很欣慰。除了"旧墨记"，我还写了《方继孝说书信的收藏与鉴赏》《品味书简》，也是指导书札收藏的。总之，这几本书对书札收藏的热潮应该有推动作用。

书札收藏这些年很热，从事收藏的人越来越多了。书札里的信息量、史料价值非常独特，那里的书法、印、题跋等，都传递着重要的历史信息，是非常好玩而有意义的收藏门类。

绿　茶：这几年出版的名人书信集特别多，您对这个现象怎么看？

方继孝：这种现象挺好的，我手里这些信札，自己研究完了，也会按主题编选影印出版。像陈梦家这批书札，等我的《陈梦家和他的朋友们》出版后，有机会我也想把陈梦家的信札影印出版，供更多研究者和读者参考引用。

绿　茶：最后，很想请教，您的这些藏品，将来怎么一代一代传下去，您对它们的归宿问题有没有过考虑和规划？

方继孝：有的城市提出建立一座以我名字命名的收藏馆，这一直在谈。还有其他一些博物馆也在跟我谈，我先各方了解情况，哪儿最合适就搁哪儿。

（方继孝　口述　　绿茶　撰写）

旧墨六记 梨园旧迹 方继孝 著 国家图书

旧墨五记 文学家卷 下编 方继孝 著 国家图书

墨四记 文学家卷 上编 方继孝 著 国家图书

旧墨三记 世纪学人的墨迹与往事 方继孝 著 国家图

旧墨二记 世纪学人的墨迹与往事 方继孝 著 北京图

旧墨记 世纪学人的墨迹与往事 方继孝 著 北京图书馆

大家小书 日用交谊尺牍 谭正璧 著 北京出版

地儿 40位天桥老艺人的沉浮命运 方继孝 著

◆ 胡洪侠书房·夜书房 ◆

书房主人

胡洪侠

媒体人，现任《晶报》总编辑、深圳报业集团出版社社长。著有《书情书色》《非日记》《书中日月长》《夜书房》系列等，编有《旧时月色》《董桥七十》等。

胡洪侠

夜访夜书房　话书画书房

哪年认识胡洪侠（江湖人称"大侠"）的已经无从可考，至少二十年以上了。那是一个 BBS 时代，和 OK 先生（胡洪侠网名）在很多论坛有交集，讨论、交流、吵架以及拉偏架，彼此都默认对方为我方书友。真正交往则要到二〇〇六年，当时我在《新京报·书评周刊》任编辑，他则是《深圳商报·文化广场》主编。那年，由《深圳商报·文化广场》承办的"中国首届报纸阅读文化圆桌会议"在深圳举行，我们因为之前在 BBS 上"勾搭"比较频繁，所以，大侠邀我与会，算是借机书友聚会。

这届会议的议程之一是评选"二〇〇六年年度十大好书"，没想到这一副产品后来"转正"，成为深圳读书月重磅压轴活动，一年又一年，"深圳十大好书"成为出版业的风向标，在全国都有影响力。十多年来，胡洪侠一直为这项活动能顺利运行耕耘着，我们也借由这样的机缘，每年为书而来，在深圳一聚。

久闻胡洪侠书房是深圳一景，顶天立地几层楼的书架，被誉为"深圳最高的书房"。但十几年来我总是来去匆匆，没能去膜拜，不久前终于找了个机会夜访夜书房。这几年，大侠公事繁忙，已经不再主持"深圳十大好书"，我到夜书房时，他还在单位忙碌。

疫情防控期间，我连续几个月每日画一幅书房，其中就画有夜书房。大侠给我发来不同角度的书房照片，我对照着、想象着、虚构着画了一幅夜书房。画照片和看实景是很不一样的，所以，心心念念要来夜书房实地走访一下，并且持画请大侠题上款。大侠题，"二〇二〇年十一月初，绿茶持此图来我书房，两相对照，宾主哈哈大笑，各称其妙。我更喜绿茶笔下我的书房。洪侠记"。

眼见为实之后，我对自己的小画更加汗颜，各种比例不符，角度不准确，透视更谈不上，好在宾主"哈哈大笑"，他也不好意思批评我，我就当是对我的鼓励了。大侠的夜书房比想象中的更壮观，从进入书房那一刻起，女主人叫我喝茶，我就始终没能坐下，在不同书架边徘徊、浏览，惊叹于大侠对书房的用心，以及书类之丰富。

夜访夜书房后，大侠写了一篇公众号文章《夜书房来了一位描画夜书房的人》，而那一夜，我们话书房，从遥远的二十世纪八十年代说起……

◎八十年代文化怎么热，我的书就长什么样

绿　茶：咱们先来聊聊您的淘书史吧！

胡洪侠：那我们就从遥远的二十世纪八十年代开始说。当时没考虑过书房的问题，我最早拥有过一个书箱，不知是不是爸妈结婚时做的一个箱子，后来我就占为己有。我从十几岁开始买书，那时候没钱，主要靠过年时攒的压岁钱，买了书都存在那个箱子里。

记得我买的第一本书是中国青年出版社出版的《青春与理想》，作者叫赵政民。这本书不得了，我小时候的很多价值观都受这本书影响，特别有正能量。当时读了又读，画了又画，觉得排比句很美，我写文章也喜欢用排比，这个毛病大概就是那个时候养成的。另一个喜欢用排比句的就是魏巍，《谁是最可爱的人》里面："朋友，当什么什么的时候……"

十六岁高中毕业，我进入衡水师范，那个时候已经买了一些书，大多数还是类似《青春与理想》这样的励志书，现在家里大概还有十几本那个时候买的书。当然，世界名著也是那个时候开始买的，还有一些网格本，像《鲁滨孙漂流记》《格列佛游记》《老实人》等。

师范时期对我影响最大的一本书叫《中国文化史论》（书目、注释）。这其实就是一本书目，告诉你要了解中国文化需要读什么书，古代的、近代的、现代的，历史方面的、文学评论方面的、批评方面的，等等。这本书让我知道了中国文化最基本的书目。但是那个时候没钱，买书上不了量。当时特别注重个人修养，主要买一些青年修养读物，如《青年修养通讯》，类似《什么样的爱情最美好》这样的书。

当然，我也买一些工具书，如《辞海》的历史分册和文学分册。我在衡水师范时期买的书大概就是这个样子。我真正开始大量买书是毕业后在《衡水日报》工作时，因为有工资了。第一个月工资是三十六元，我清楚地记得用了二十二元二角钱买了《辞海》（缩印本），这可是我一个月工资的大部分。我现在一直在找二十二元二角钱的《辞海》（缩印本）。这是当时的豪举啊，因为同办公室隔壁桌有位老先生，他有《辞海》，还有《辞源》，有人要查个什么东西，他就说马上帮你查，简直跟百宝箱一样。

有了这次豪举之后，我买书就一发不可收了，二十世纪八十年代的文化怎么热，我买的书基本就是什么样。我主要通过几种方法买书。第一种是新华书店里有一个机关供应部，有社科新书目，可以去订；另外一种就是邮购，那个时候各个出版社都可以邮购，我全套的"走向未来"丛书都是邮购的；还有一种就是出差买的，那时候经常去石家庄、北京，到了之后先把回程车票买了，防止自己在书店买书搂不住，忘了买车票而回不来。

有一次在北京，别人让我帮他带一本《边城》，结果买回来一本《围城》，最后只好自己留下了，后来发现《围城》比《边城》更火。那时候我总去北京的王府井、东单一带的书店，还有劳动人民文化宫的书市等，因为有个同事考上了社科院近代史所，我经常去找他，住他宿舍里，然后一起去买书。

那时候买的书有限，就给每本书都编上号，用"HX"打头，就是洪侠的意思，然后是0001、0002……那些年最迷《第三次浪潮》，从头到尾读得滚瓜烂熟，认为这辈子不可能过上书里那样的生活，没想到我们现在的生活早就超过"第三次浪潮"了，都不知道已经是第几浪啦！什么"在家办公、DIY、跨国公司"都实现了，托夫勒在中国的浪潮可不得了。我查资料发现，深圳有一个人看了《第三次浪潮》后给托夫勒写信，邀请他来深圳。深圳大学还专门办培训班就叫"第三次浪潮培训班"，放托夫勒自己拍的电影《第三次浪潮》。

后来，我考上人大研究生到北京上学，一到周末就骑上自行车转遍北京城的书店。从人大骑车出发，有固定的逛书店路线。上北三环到北太平庄往南，先到西四的中国书店，然后继续往南到琉璃厂，再到社科院的一个小书店，然后到王府井，接着去朝内大街166号人民文学出版社，再就是隆福寺中国书店和五四大街红楼旁边的书店。一圈转下来，满载而归。

以上算是我的淘书前史。

◎从三十箱到三百箱书，现在藏书总量五万左右

绿　茶：您的淘书前史的确很符合二十世纪八十年代青年的特点。那您的书房真正的成长史应该是南下深圳以后的事情了吧？

胡洪侠：人大研究生毕业后我就南下了，来深圳时带了三十多箱书。度过短暂的借宿阶段后，我有了自己的宿舍，这就有了书房的开始。那三十多箱书是书房最早的班底。当时，姜威来看过之后说了四个字："书品不错。"

二十世纪九十年代初的深圳，在国贸大厦对面的海丰苑大厦内有一个深圳古籍书店，店名由李灏（时任深圳市

委书记）题写。走进古籍书店后你会觉得不是在深圳，而是在北京。摆设、书标等，全是琉璃厂的味道，老板叫于永凯，是从北京来的琉璃厂后人。北方的古籍书店什么格局，这里就是什么格局。我买线装书就是从这儿开始的。

后来，我觉得自己没有力量玩古籍，但我在这里报复性地买全了二十四史，还有《资治通鉴》，以及各种大套的中国古典文学、学术丛书。一个中国读书人必备的中国书籍基本就齐了。

我写过一篇《三百箱书和四条汉子》，讲述自己的几次搬家史和搬书史，大致是这样的：刚来深圳，我有三十多箱书；搬离黄木岗安置区时，变成了六十箱；第二次搬家时，又变成一百五十多箱；第三次搬家时，变成两百多箱；第四次搬家，总箱数超过了三百箱。现在嘛，估计六百箱都不止。除了夜书房里这些书，还有报社办公室里满满的书，总量在五万左右吧。

◎我有很多藏书小专题，最成规模的就是"《1984》专题"

绿　茶：这么海量的书，您是如何分类、整理的？请给我们分享一下您的藏书专题吧！

胡洪侠：我的书房都是自己折腾的，大概分类心里是清楚的。客
厅主要是中国古代文学、学术和艺术方面的；另一边楼
下是外国文学和学术；二楼是关于书的书，以及我喜欢
的名家的集子（相当于集部）；三楼主要是目前在看、
在用的书；还有好几个专题如《1984》专题"等都在报
社办公室里放着。

最早的专题是"关于书的书"，我书房里这个专题的书
应该是很全的，至今还在陆续丰富中。

另一个专题是"外国人看中国"。这部分书在书房里也
特别多，和二十世纪八十年代文化热有关系，那个年
代出版了大量西方人看中国的书。然而，这是一个"大
坑"，很难填满。最近我还买了一套影印的《外国人看
中国》的英文原著。

再一个专题是"关于中国的画册"。里面包含各种图片，
从刘香成到十九世纪西方人拍的中国，收藏这个是我看
《老照片》养成的毛病。

然后就是关于人的专题。钱锺书、陈寅恪、胡适、周作

人、黄裳等，这就太多了。开始没什么特点，但也渐渐形成一个个小型的"人的专题"。

再就是带有研究性质的乡贤"贺孔才专题"，我现在收藏得非常全面，退休后要以此来做学术研究。还有日记、书信、年谱、名人手札、回忆录这些也都是一个个独立的小专题，我陆陆续续也在收藏。

另外就是书的专题。书的专题我也有好几种，比如唐弢的"《晦庵书话》专题"，我有从二十世纪六十年代开始的各种版本的《晦庵书话》，还包括香港、台湾等各种版本。

还有贡布里希的"《艺术的故事》专题"，我很喜欢贡布里希，所以先后买了几十种《艺术的故事》，包括天津人民美术出版社以另一个名字《艺术发展史》出版的版本我也有。

还有"《围城》专题"，也是一个小小的专题，我买了很多。遗憾的是目前还没买到晨光（指民国时期上海晨光出版公司）的那个版本。

真正没边的就是"《1984》专题"了。我应该是国内收藏《1984》版本最多的人，已经有三百种以上了。我曾经在香港古书展看到一本奥威尔签名本，开价十万。藏书家王强说这纯属瞎开价，他说一万就能帮我找到，可三年多过去了，我还没找到。奥威尔签名本很少，因为《1984》出版后不到一年，奥威尔就去世了。除了签名本，我收藏的其他版本应该是最丰富的，初版、手稿本、纪念本、各国不同版本、大陆的多种译本、台湾的所有译本，等等。但香港有一个版本，书名不叫《1984》，而叫《二十七年之后》，这个版本我目前还没找到。

绿　茶：是什么原因让您对《1984》这么痴迷，是因为书本身，还是其他什么原因？

胡洪侠：我就是喜欢这本书。当初读的时候就感觉像做了一场噩梦。我当时读的时候，根本不知道反乌托邦小说是怎么回事，但是都读了，包括赫胥黎的《美丽新世界》和叶·扎米亚京的《我们》。到了二十世纪九十年代后期，多次阅读之后，我惊叹于奥威尔没在这种制度下生活过，也没遇见这些事情，怎么能写出这样的东西呢？这是非常震撼我的事情。这就让我思考历史分水岭上人们的选择问题。

绿　茶：您藏书的专题化，是受了什么人的影响吗？还是自觉的行为？

胡洪侠：这一点，我受美国藏书家爱德华·纽顿的影响，他有一本书叫《聚书的乐趣》，对我影响很大，让我意识到藏书应该注重版本。《鲁拜集》也是我的一个小专题，但藏《鲁拜集》的人太多，藏这个需要的财力也太大，很难做。不过虽然有些专题已经停了，但《鲁拜集》的收藏一直在坚持，因为这个对我意义很大。这是我对书籍，尤其是西书收藏的一个态度，我称之为"书籍观"。我认为，"书籍观"是价值观的一部分，而大部分中国读书人，在"书籍观"这个层面是不过关的，是不全面的。

我们中国人对书的看法偏重功利和实用性，就是白纸黑字，中国的书籍传统里少有美学的成分，古籍在描述书籍之美时，更多也是描述内容，不讲究书的形态、开本、用料、设计等，中国人反对在读之外对书附加其他的东西。

纸张传到西方比较晚，早期西方人都是采用皮纸，价格高昂，所以，总是想办法让它美化、能留传、有收藏价值。到了中世纪，更是让人们对《圣经》有了像对上帝那样的热情。书籍更具有了神性。同时，把书做成什么样，还和救赎有关系，所以人们对书籍自然投入了更大的精力和心力。书籍的美学传统在西方便源远流长。

当我们谈及书籍观时，我们在谈论整体意义上的书籍，与之相关的观念是一个整体。像这种情感——这种崇敬，这种神圣，这种依恋，在我们的书籍观中有多少分量？我们也很重视书——看起来我们中国最重视书了，典籍汗牛充栋，代代相传。但我们主要把书当作工具。

书籍之美作为一种理念，是威廉·莫里斯（William Morris）在十九世纪末提出来的。一提到莫里斯，就会提到《乔叟作品集》和他的凯尔姆斯科特出版社，但是莫里斯在创办出版社前二十年，实际上就已经和琼斯等一帮朋友在装饰《鲁拜集》了。

《鲁拜集》自诞生之日起，就和书籍之美水乳交融，唇齿相依。不仅仅是一百零一首鲁拜四行诗，不仅仅是菲茨杰拉德创造性地翻译了奥马尔·海亚姆，《鲁拜集》还包含了这样的意义：因为它诞生于十一世纪，莫里斯、维德他们都想到要让鲁拜回到当时的环境，他们要在每一页上营造出中世纪抄本的气氛。所以，才有了《鲁拜集》装帧中的手抄风格，才有了整页设计、字母装饰、图文一体，乃至镶嵌宝石、极致烫金、繁复花饰、彩皮拼图等绝技上演。

西方手工书的传统，是由莫里斯他们的工艺美术运动带来的。西书诞生的时候，装帧和书芯是分开的，印刷厂只负责印书芯，书商把它们卖到欧洲各地，卖的都是书芯，各地有专门根据需求做装帧的工厂。工厂能根据客户的需求定制装帧，真皮的、布面的等各种形式都可以做。

绿　茶：作为一位拥有这样规模的藏书人，您已经很会优化自己的藏品了，有着清晰的专题路线，下一步还有什么优化举措吗？

胡洪侠：我逐渐在做减法。比如，《鲁拜集》之外西方的书基本不收藏了。"关于书的书"，虽然很多人在做，但我的规模已经做起来，还会继续收下去。但这个主题的书太鱼龙混杂，有很多水平很低的书，一开始我以全为主，都收。但二〇〇〇年之后，我慢慢开始优化，以品质优先。

绿　茶：除了这些专题之外，能不能挑几本版本意义很独特的书为我们介绍一下？

胡洪侠：先来看看这套《中国历史地图集》。中学时我在学校图书馆里见过这么一套，没有人借，一直只有我一个人在看，这套书对我中学时期影响很大，也因此爱上了中国历史。这套是一九七四年典藏版，我曾经在香港见过一套，没背回来。后来在布衣书局买了一套，但这套书是配的，不是本套。它在我成长过程中对我有特殊意义，所以一定要存一套。就好比上面说的《辞海》（缩印本）一样。

还有这套《伟大的艺术传统图录》，郑振铎编的，我是在深圳一家叫黄金屋的书店买到的这套书。布面精装，二十世纪五十年代出版，珂罗版印刷，在上海制作的。那个年代能做出这样的书，让人难以想象。你看看这里面的工艺，就是当时中国书美的极致。关于这套书，《郑振铎文集》里有记录，这是后期对他非常重要的一套书。

绿　茶：最后，我们还是不得不面对藏书人的终极问题——书房的未来，我们该如何安置这些用尽一生珍藏的书籍？

胡洪侠：现在确实到了考虑这个问题的时候，这也是让人苦恼的问题。我也跟陈子善、薛冰、周国平等师友交流过，大家都有同样的苦恼，也都在琢磨处理之道。我的基本想法是，生前还来得及的时候，把这些东西交给一个拍卖行，分专题分批拍卖，凡是肯花钱去拍的人，应该都会重视这些书。或者做一个基金，找一个空间把这些书存放起来，书友可以到那里聚会聊天。当然，这种运作如果人不在了之后，就不一定能运作下去。

我现在最直接的希望是，等退休之后开一家书店，就这些书，喜欢你就来买，用市场的办法来解决这个问题。

（胡洪侠　口述　　绿茶　撰写）

◆ 李冬君书房·蝌蚪斋 ◆

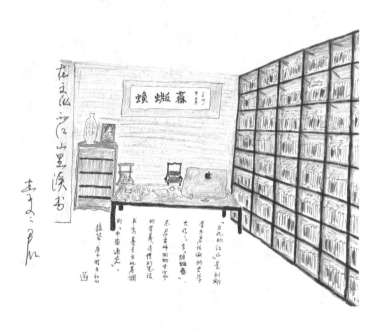

书房主人

李冬君

历史学者。著有《孔子圣化与儒者革命》《乡愁的天际线》《中国私学百年祭》《文化的江山》（与刘刚合著）等；译著有《国权与民权的变奏》《叶隐闻书》等。

李冬君

文化的江山　书籍的海洋

走进李冬君老师的书房，眼前的景象让我顿时确定了这篇访谈的标题——"文化的江山　书籍的海洋"。早就耳闻拥有十六万藏书的"蝡蝂斋"大名。去年居家画书房时，我特意请冬君老师发来"蝡蝂斋"的照片，一看就傻眼了，如此书海我该如何下笔？故迟迟没能画出。等疫情稳定后，我终于找个机会跑去见证，坐在暖阳下，安静地速写"蝡蝂斋"一角。

如今的"蝡蝂斋"已不是当初看照片时的样貌了，这批书大多被运到了他们在宁波慈城的书房，现在书架上陈列的多为儿子刘涵宇的陶艺作品。刘涵宇真是有才、任性，从国外学金融回来，没有在专业方向发展，而是响应老爸的安排"上山下乡"去了，到井冈山的大山里学种茶，后又到景德镇学烧窑。一来二去，种茶和烧窑以及瓷画成了他的主业。十几年后，陶瓷和瓷画已很具规模，和那些陪伴刘刚、李冬君伉俪几十年的书籍同时摆在书架上，优雅、精致、和谐。

书架背景墙也别有一番风景。每年春节，冬君老师在书架墙上糊上一层宣纸，然后，刘刚老师在上面写字，儿子刘涵宇在上面画画，再放上那些旧书和陶瓷。一年又一年，一层又一层，生活的点滴记忆散发着独有的气息。

刘刚和李冬君，是让人羡慕的学术伉俪，有着共同的学术理想，并合力探索学术跨度，共同完成十二卷本《文化的江山》。这套脱离王朝中国的框架、重构文化中国的通史著作，在未杀青时就已经在学术界和广大读者中产生了广泛的影响力。

刘刚和李冬君从本科同学开始，大江南北一路携手。在李冬君书房"蜻蜓斋"，挂着一幅冬君老师五十岁生日时，刘刚老师手书的大字："自由人天寿　独立者青春"，并题："冬君吾妻也　悠然过五旬　天真永不改　天命何足论　美人唯美矣　观音始知音　自由人天寿　独立者青春　再过五十年　莫来问年龄　诗作于姑苏晚秋运河边壬辰年手录于京郊万卷书屋"。大字上下并录有刘刚老师写给冬君老师的情诗多首。此字此诗此情，让人羡慕嫉妒，也感受到那份满满的爱意和幸福的滋味。

绿　茶：你们那一代人的阅读路径是什么样的？

李冬君：我们这一代人，小的时候无书可读，只能读《毛泽东语录》，背"老三篇"（即《纪念白求恩》《为人民服务》《愚公移山》），那时候上学都要背"老三篇"，背不下来不能回家。

因为家庭成分原因，上学也是断断续续的。当时我爸被下放到延边师范学院，就在学校里，看着他们把学校图书馆里的书堆成一堆，再围上稻草烧。我妈拿面口袋让我们姐妹去抢一些书，说你们小孩子去抢书不会有人管的。我和姐姐就从火堆里抢出一袋子书回来，有《林海雪原》等那个年代被广泛阅读的书，我那时八九岁，就天天抱着这些书读，但也只能藏着读、掖着读。

还有一个读连环画的记忆很深刻。当时向同学借了一本《智取威虎山》连环画，结果给弄丢了。我哭着跟我妈说，把同学的书弄丢了。后来我妈买了一本让我还给同学，但买的这本是大开本，我丢的那本是小开本，书是同学姐姐的，她只要自己原来那本。没办法，我妈又去给人解释，然后赔了钱让她自己去买。这样，我就意外地拥有了自己的第一本小人书。

绿　茶：你们"新三届"大学生，时代耽误了你们很多时间，同时回报给你们"最好的阅读时光"。

李冬君：一九七九年，我进入南开大学历史系读中国史，和刘刚是同班。本来我一九七八年就考上了，因为爸爸的成分问题，政审没过。一九七九年，爸爸平反后我又考了一年。我报的是中文系，都是文学青年，想学中文，但历史考了八十九分，是"状元"一样的分数，就分到历史系了。后来一直找老师想转系没转成，就学了历史。

那个年代能考上大学，的确是"最好的阅读时光"，不然，没什么机会能读到书。在学校里，每天就是"教室—图书馆—食堂"三点一线，回宿舍只是睡一觉。那时候上课比较自由，经常逃课躲在图书馆里看书。什么书都看，可谓读书恶补期。

绿　茶：您从文学青年到历史学者，现在想来是什么感受?

李冬君：现在想来一点都不后悔。因为史学训练特别棒，涉及各个学科和门类。尤其是老师让我们在读书时抄卡片，本科几年抄了满满几箱卡片，老师说这就是你的财富啊。我心想，这哪是什么财富啊，累死我了。老师说，这些卡片将来就是从事学术研究的基础，"横排是文章，竖排也是文章，怎么排都有文章"，这大量的历史资料就是一位研究者的基本训练。后来，导师组织学生们一起做"中国思想通史"，这些卡片都上交了，但那些年抄卡片的确训练出很扎实的学术底座，让我受益匪浅。南开大学历史学泰斗郑天挺先生说过一句话："没有两万张卡片的积累，不能写书。"这应该就是南开历史学的传统。

绿　茶：从此就确定了自己的学术人生路径了吗？"学术伉俪"这个词用在您和刘刚老师身上特别形象。

李冬君：也不是，我们大江南北辗转了很多地方，一边工作一边考学。本科毕业工作几年后，一九八六年，我和刘刚又考回南开大学历史系读研，师从中国思想史专家刘泽华教授。一九八九年硕士毕业后，刘刚去了天津市委党史办，我则进了天津市委党校。

一九九二年，我们又跳出体制，南下海南。我在海南师范学院谋得教职，刘刚一度做生意，股票、房地产以及参与历史剧等，商海浮沉多年，我们终归没有放弃当年的初衷，总想回归书斋，做我们的学术研究。一九九七年，我又重回刘泽华教授门下攻读博士，之后留校任教。

博士论文写《儒家分化与孔子圣化》，讲孔子是如何一点点被圣化的。博士论文答辩完，那股劲儿一松，就病倒了。当时，我的答辩委员会主席是北师大的四老之一何兹全先生，他本来很想让我跟他做博士后，但他没明说，我也不知道。后来我就到中国人民大学历史系做了博士后。

绿　茶：早就耳闻您家书房有十几万藏书，天天有朋友和媒体来参观、采访。您曾把书房图片发给我看过，我看傻了，真是"书的海洋"，请带我参观一下吧！

李冬君：没错，以前家里可热闹了，天天有朋友来看书。这批书是怎么回事呢？我有个朋友在一个大学资料室工作，他们系要把资料室变成办公室，就准备处理这批书，找了收废品的来估价，说七千元全拉走。她知道我喜欢书，就问我要不要去挑一些。我去一看，天啊，太多啦，怎么挑啊。我就说干脆都给我得啦，不就七千元嘛！然后，她跟领导汇报说给我了，结果这么一汇报，领导说得两万。我和刘刚一商量，两万就两万吧，就要了这批书。但要把这十六万册书运回来可真不是件容易的事，我们找人找车找地方放，除了把家里的地下室全部占满，还租了隔壁单元来放书。全部折腾完花了五万多。现在，这批书都运到宁波慈城的书房去了。

绿　茶：遗憾！以后找机会去参观一下你们慈城的书房。您家书房叫"蝜蝂斋"，有什么说法吗？

李冬君：唐代柳宗元有一篇《蝜蝂传》："蝜蝂者，善负小虫也。行遇物，辄持取，卬其首负之……"刘刚说我就是这样，喜欢把什么都往身上背，我说那就叫"蝜蝂斋"吧。

我现在的书房就是流动书架，当下在研究什么，就放什么书，便于我取阅。你看目前大部分都是博物馆馆藏目录，因为我们目前的主要精力都在做《文化的江山》，这套书有大量图注，这些博物馆图录就是重要的论证。这些年，我们每到一座博物馆都买馆藏目录，这些书特别贵又特别沉。尤其去台北，不逛别的地方，就是温州街的书店和台北故宫，台北故宫的图录做得太好，太美了，忍不住背回来好多。

绿　茶：特别喜欢您这个斋号，我也读过《蝜蝂传》，真是一篇精彩深刻的文章。刘刚老师的斋号叫什么呢？

李冬君：刘刚有两个斋号，一个叫榆木斋，这是我给他起的，我总说他是榆木脑袋，他说那就叫榆木斋吧；另一个叫万卷书屋，是他自己取的。这两个斋号现在都拿到慈城的书房去了。

绿　茶：很好奇你们慈城的书房。它又有什么缘由呢？

李冬君：这个说来话长了。有一年，我在你们老家温州楠溪江做田野调查，结束后，古村摄影师李玉祥跟我们说，宁波有个慈城古镇特别好，问我们有没有兴趣去看看。那些年，我和刘刚也对古村落很感兴趣，就跟着去了。

让我们意外的是，慈城古镇真的特别好，这个小镇从唐朝到民国，没有太大的变化。学建筑出身的企业家 × 总对我们特别好，说既然我们喜欢这里，就留下来做研究和写作吧。我说，我们北京有十六万藏书，能不能给我们一个地方，我们把书运过来就可以在这里安心写作了。那位老总说没问题啊，给了我们好几个院子让我们选。

这个古镇地势像乌龟一样，最高处的"乌龟头"就是古代的县衙，我们选了乌龟肩膀位置的一处院子，它是明末重修的，因为书怕潮，所以我们选了一个高处。这里全部按我们的要求重新装修，还有现代生活设备。我们俩就在慈城住下来了。

我和刘刚分别为古镇写了一本书。刘刚用手机拍遍了古镇每一个角落，每一帧都像莫奈的油画，再为它们配上几百首诗，起名《莫奈的诗囊》。我和李玉祥合作，为古镇写了一本《乡愁的天际线》，李玉祥拍照，我写文字。为什么起这个书名呢？因为在这里，我们依旧能看到天际线，特别美。

古镇里有所小学叫普迪小学，我们一看，哇，这不就是当年柔石在这儿教书的地方吗？柔石在这儿教书的时候写了《二月》。小学是宁波籍的乡绅建的。另一位作家巴人也曾在这里教过书。

更让我意外的是，在慈城还看到一个"进士录"，在这里看到我们南开大学的"校父"——创始人严范孙的名字，他就是慈城人。说来也巧，我曾给严范孙老先生写过一本传记，叫《中国私学百年祭》。为什么会给他写一本传记，我也不知道，就觉得应该写。这么重要的教育家，没有人给他写过传记，只有后代给他修过一个年谱。

《中国私学百年祭》出版后，得到南开著名教授来新夏先生高度评价，他跟我导师刘泽华说，你这学生写的这本书是纪传体和编年体的结合，叫她来找我一趟。我就去见来老，来老给了我很大的鼓舞和肯定，也指出一些不足，然后说，你就跟我学吧。就这样，我又拜在来先生门下，跟来先生主要学古典目录学。来先生临终前还嘱托说，他的传记由我来写，但我至今还没写出来，总想把《文化的江山》了结了，再着手写。

写了严范孙先生的传记，让我对南开的历史有了更深入的了解。后来干脆把张伯苓的传记也写了，书名是刘刚起的，叫《思想者的产业：张伯苓与南开新私学传统》。我觉得和慈城的缘分，是严范孙老先生冥冥之中的安排，大概是我给他写了传记吧。

绿　茶：这么多年来，哪些书一直跟着你们？哪些书对你们的学术研究有着深远的影响？

李冬君：大部分书都拉到慈城去了，现在家里留下的不多了。地下室还有一些以前的书，可以去看看。

先给你看一本《文字源流浅说》，作者叫康殷，是我大学时的文字学老师。康老师很有学问，还很会画画，这本《文字源流浅说》中的画都是他自己画的，对我们学习文字学帮助特别大。后来听别人讲，"文革"时，康老师画全国粮票换鸡蛋吃，结果被抓到了。

我是做思想史的，先秦诸子是必读的。《论语》《孟子》《荀子》《老子》《庄子》等，这里还保留了一些。再看这些历代典籍，有《春秋繁露》《盐铁论》《白虎通》《读通鉴论》等。当然，二十四史更是我们学历史的人必备的书，你看看中华书局这套《史记》《汉书》……都还在。那些年，我们为了买这些书不知道咬了多少次牙。

商务印书馆的"汉译世界学术名著"的哲学和史学部分，也是重要的学术参考。还有一套"中华现代学术名著"，对我的研究也非常有用。我这套是老版本，有顾颉刚和史念海的《中国疆域沿革史》、金岳霖的《知识论》、贺麟的《文化与人生》，等等。

还有《曾国藩全集》《鲁迅全集》。这两人对我们这代读书人的影响可谓深远，是绕不开的。当然，还有胡适。

还有这套《蒋百里全集》，蒋百里是了不起的军事家，刘刚最感兴趣的就是研究他。还有像《中国历代战争史》这一类书，也是刘刚书房里的主要读物。当然，他读得最多的还是西方哲学方面的书。

绿　茶：最后，来谈谈你们的大部头《文化的江山》吧，目前进度如何？

李冬君：刚刚出了第六卷，第七、第八卷已交稿。这套《文化的江山》，我们的规划是十二卷。几年前，由汉唐阳光出版了上、下两卷，那还只是个框架，这次由中信出版的十二卷本，从史前一直到新文化运动贯通下来。

我们的导师刘泽华教授是"王权主义"的提出者，他们那一代学者在史观传统中，致力于王朝中国的研究，可谓把中国史观传统研究做到了极致，所以我们的想法是，不能再按二十五史的传统继续修史下去，必须重构中国的历史逻辑。中国的王朝史，长则几百年，短则几十年，但为什么中国的文明几千年不断，这里面的内在纽带到底是什么？于是，我们跳出王朝中国，去探求文化中国的路径。

王朝中国是青铜文化的产物，而文化中国是玉文化的产物。在《文化的江山》第一卷《文化中国的来源》中，我们首先厘清这个问题。史前文明不是以中原为中心，而是四周开花，再往中原慢慢汇聚，河姆渡文化、良渚文化、龙山文化等，构成了一个以玉文化为精神主体的史前中国的方国联盟体。

史前的玉文化从江浙的良渚文化，然后往北到山东，再到陕西、山西，再到甘肃、青海，这一条线是中华文化很重要的一条主线。到甘、青之后碰到了西亚来的青铜文化。

玉不能作为工具，主要是史前人的审美和信仰需求，玉文化碰到青铜文化后，因为玉不打，西亚来的青铜文化单方向打不起来，就融合了。玉是一套礼制文明，它把爱打的青铜文明也改造成礼制文明，所以，后来青铜器主要用于祭祀。青铜器开始是史前的世界工业体系，从西亚开始，全世界传播，到了中国的商代，是工业体系的高峰，也是终结。到了西周，青铜器完全就成为礼制了，不打了。

青铜器后来在中国的崛起，是和玉结合后文化的崛起，用礼遇的制度文化改造了青铜器，青铜器一方面可以用来打仗，另一方面更重要的是国家的祭祀工具。所以，青铜器在商代达到了世界高峰，也迎来王朝中国的第一个高峰。

绿　茶：这么庞大的通史体系，您和刘刚老师是怎么分工的？又是如何布局中国几千年的文化脉络的？

李冬君：我和刘刚的分工很清晰。刘刚是很有建构能力的，他喜欢读大量西方思想书籍、哲学书籍，把中国历史、中国文化放在世界大格局中去探讨，尤其是经过"文革"的断代和社会转型，这样的重构艰难而必要。我们直到五十岁前后才把这套体系建构完成，然后我参与具体撰写。

综合来说，我们写《文化的江山》，精神上秉持陈寅恪先生的独立之精神，自由之思想，形式上承袭王国维先生《人间词话》中的诗性语言，立场上有来自鲁迅先生的批判性的成分。

绿　茶：谢谢冬君老师，期待你们的《文化的江山》早日杀青，到时候我们就这部大作再深聊。

李冬君：好的，谢谢绿茶。

（李冬君　口述　　绿茶　撰写）

◆ 马勇书房 ◆

书房主人

马勇

中国社会科学院近代史所研究员，研究领域为中国近代史、中国学术史、儒学史等。著有《明夷：新史学的重建与开新》《中国儒学三千年》《梦想与困惑：1894—1915》《晚清四书》《晚清二十年》等。

马勇

我的书房，为用不为藏

一九七九年，即恢复高考的第三年，马勇考入安徽大学历史系，入学后他到图书馆借的第一本书是侯外庐的《中国思想通史》，正是这本书影响了马勇的学术方向。书中提到哪本书，他就把哪本书找来看，大学四年，几乎把大学图书馆里与思想史专业相关的书都读了一遍。

一九八三年，马勇顺利考上复旦大学历史系研究生，师从著名思想史学家朱维铮教授。一九八六年毕业后，他被分配到中国社科院近代史研究所，从事近代史研究。

马勇上大学前当过兵，也当过工人，他是带薪上学，所以和同学们相比，生活条件要好一些，也有富余的钱来买书。大学期间就买了很多书，毕业来京时带了十二箱书，这是他最初的书房家底。

从学习古代史到从事近代史研究，这个路径促使马勇必须把中国历史打通，家里的藏书也涉及中国历史的不同断代和方方面面，这也是客观造成马勇家里藏书量很大的原因之一。

像大多数爱书人一样，马勇家每个房间也都是书，但多而不乱，不同书架都有各自的主题和分类。比如，客厅的沙发背后，是以书目、索引、年谱、日记等书籍为主。马勇反复强调，读书目是做学问的第一要诀，要通过大量阅读书目和索引，慢慢梳理出自己的学问路径，知道哪些书在哪里可以找到。

而谈到书房的未来时，马勇也是愁上心头。他说，人再长寿，生命也只是一个过程，而人过世之后，那些曾被我们珍视的书，就永远失去了主人的守护，变得很可怜。

下面，让我们一起走进马勇老师的书房，听听他分享的书房故事。

◎我的阅读启蒙从地震棚开始

绿　茶：您的书房有怎样的一个成长过程呢？

马　勇：我是农村出来的，父亲读过私塾，对孩子读书还是很支持的，我们小时候，如果你愿意读书，就会给你创造条件。印象中，二十世纪六十年代，邢台地震，我们安徽家家都搭地震棚，我和大弟一人一个地震棚，在里面读书，我的阅读启蒙差不多就是从那时候开始的。

但那时我们能读到的东西很少，印象中只有浩然的《金光大道》《艳阳天》，还有巴金的作品。大概在二十世纪七十年代初期，我到新华书店买过一套鲁迅的单行本，就是人民文学那套白皮本，后来我把它们装订成册了。

一九八六年大学毕业到北京来的时候，我带的全部资产就是十二个纸箱的书。我为什么能够在七年读书期间积累那么多书呢？因为我是带工资上学，有一套《中华大词典》，就是我在读本科的时候买的，当时大概就三十多元钱。

刚来北京，我住在人民文学出版社对面的东四头条社科院宿舍院内，给我的是一个二十平方米的里外间，根本谈不上有书房，但我们宿舍离单位近，我的书都放在办公室。二〇〇五年搬到现在这个家之前，我的书房就是办公室。

办公室是个里外间，但因为我的书数量增长得太快，很快一个人就把里外间占满了。那时候，我每天晚上十点多才从办公室出来回家，第二天送完孩子又去办公室。二〇〇五年之前我所有的作品，都是在办公室完成的。

搬到现在这个家之后，我有了一个二十多平方米的书房，但实际上每个房间都是书，还有一个地下室也是书，加起来大概有三万多册书。直到去年退休前，我才彻底把办公室的书都搬到家里来。

◎从读书开始，专心读了十几年

绿　茶：除了用作书房的办公室，你们近代史研究所的图书馆应该是学术研究的主阵地吧？

马　勇：对。我是一九八六年毕业的，到一九九一年才发表第一篇文章，我老师朱维铮一再告诫我们，不要过早发表文章，要多读书。所以，那些年我每天就是去图书馆借书还书，再借再还。当时做的第一个课题是梁漱溟，我做了很多前人没挖掘过的材料工作。包括后续做的几个近代人物，比如蒋梦麟，在我做之前，大陆找不到一本关于蒋梦麟的书。我从香港和台湾等地方收集、挖掘了很多材料。

我是学古代思想史的，后来到近代史研究所工作，当时的研究环境跟现在不一样。那时候我们这些刚来的年轻人，老先生不让我们写东西，也没那么大压力，就静静地读了五六年书，算上本科，专心读了十几年书。

等到后来开始写东西时，脑子里对历史有无数种自由组合，也知道材料在哪儿，随时可以调动这些资源。我写东西面比较广，得益于当年阅读比较系统，可以从古至今打通。

（注：二〇〇〇年，近代史研究所承担了一个编撰《中国近代通史》的课题。之前马勇发表过关于甲午战争、戊戌变法的文章，所长就让他负责从《马关条约》到《辛丑条约》这一个时间段的写作。二〇一四年，由近代史研究所中青年学者编纂的十卷本《中国近代通史》出版。）

◎我自己真正想写的是"经学史"和"儒学史"

绿　茶：在书房和图书馆这两者之间，您是如何取舍的，哪些书
　　　　要收在家中，哪些去图书馆阅读？

马　勇：我的书基本是一个流动状态，我正在做的题目，这些书
　　　　都在我的书房，暂时不做的就搬到地下室去。需要参考
　　　　和补充的基本是去图书馆。但很多时候，做研究需要借
　　　　助更多的地方。比如，我当时做蒋梦麟的研究，大陆各
　　　　图书馆都找遍了也没找到什么材料，就需要去台湾、香
　　　　港等研究机构的图书馆寻找。而我的书房，我保持它是
　　　　流动的状态，随着自己的研究变化而变化。我的书房是
　　　　"用"的书房，而不是"藏"的书房，到现在为止，没有
　　　　一本书是因为"藏"而买的。

　　　　客观造成我书多的原因是，我原来做古代史，所以积累
　　　　了大量的古代史方面的书。大学毕业后做近代史，又大
　　　　量购买近代史方面的书。加上三十多年来，我的书都是
　　　　跟着题目走，不同的题目又增加了不同的书。比如，刘
　　　　大年找我合作做抗战时期的中国思想文化，就增加了大
　　　　量抗战史的书。后来做严复的研究，关于严复的书基本
　　　　上都收齐了，我还去沈阳看严复的资料、手稿等。之
　　　　后，又做章太炎的研究，我用三年的时间读章太炎的资

料，《章太炎全集》最后就是我参与一起合拢的。

还有由社科院常务副院长汝信牵头的"世界文明研究"，这项研究也一直在进行，我参与其中的"中国文明的研究"，今年已经是第三期了。围绕这个主题，又扩充出很多书。这些年来的课题经费，基本上都换成书了。

到目前为止，我自主性的研究比较少，只有梁漱溟算是我自选的，还有几本论文集。而我自己真正想写的是"经学史"和"儒学史"。二十世纪九十年代初，庞朴主持"中国儒学"项目时，曾约我参与，第一卷"儒学简史"就是我写的。

◎ 书失去了主人的守护，就很可怜

绿　茶：这么多研究项目，如此高速的图书增长，您的书房如何容纳得下，有什么好的书房优化手段吗？

马　勇：我会随着项目的变化，处理一些书，主要散给像孔夫子、布衣书局这样的二手书店。不散书，家里可容纳不了。淘汰书很不忍，人都有占有书的欲望，但没有办法。别人送的书，我是不敢往外散的，这类书还不少，所以我通常放在书房最高处，免得不小心散出去，就很尴尬了。

有一次，我在一个流动书摊看到自己送给一位老先生的书，可能是老先生过世后，家里人处理出来的。人的眼睛在这时候特别敏锐，一眼就看到自己的书了。

绿　茶：这就涉及书房的未来，每个人都会面临这个问题，积累了一辈子的书，人不在之后，书房里的书就像孤儿一样，不知如何托身。

马　勇：是啊，这是一个麻烦的问题。这些书对我们来讲是宝贝，但对后人或图书馆来讲反而是个累赘。像我们单位的图书馆，有故去的老先生要捐书，图书馆要查重，重复的不收。将来怎么处理学者的书，真是一个不小的问题。我的书如果捐给一个新成立的大学历史系，应该是很有价值的，可以构成一个历史系整体的架构。人再长寿，生命也只是一个过程，而人过世之后，那些曾被我们珍视的书，就永远失去了主人的守护，变得很可怜。

绿　茶：您有自己的找书路径吗？这么多书平时能找到吗？

马　勇：经常找不到。昨天还在找一本丁韪良的书，我百分之百知道我有，就是死活找不到。我的书房是分类很清晰的，就算有些书架是里外两层，大致也有规律，里面一层多半是平时用得少的全集、套书一类的。

碰到找不到书的情况，我一般上网下载电子版先用，也许过不了多久，找不到的书又自动出现了。很多大型的书我一般保留电子版，比如《清实录》、"国家清史编纂委员会·档案丛刊"。又如大象出版社出版的虞和平主编的《近代史所藏清代名人稿本抄本》，全套要三十多万元，我买个电子版才一百元。再如《徐世昌日记》，定价两万多，我当时特别想要。后来有个学生说帮我复印。一本《徐世昌日记》印下来才一百元钱，全部下来才几百元钱。

二十世纪九十年代，有一次在台湾"中研院"访学，我每天主要的事情就是把自己想用的材料，送到外面一个复印的地方印回来。早期，蒋梦麟的资料，我都是在香港、台湾等地复印过来的。

◎会读书目是做学问的第一要诀

绿　茶：我看您书架上有很多目录学方面的书，这也是您学术研究的一部分吗？

马　勇：我很同意历史学家陈垣的一个观点，他说："人的学问最终是一个书目。"他通读了《四库全书》，人怎么可能通读完《四库全书》呢？他其实是在读书目。我的太老师蔡尚思，一个假期读完了江南图书馆，其实他也是在读书目，后来，当然写了很多关于目录的书。

会读书目是做学问的第一要诀，你要通过大量阅读书目和索引，慢慢梳理出自己的学问路径，知道哪些书在哪里可以找到。老一代学人非常重视收集和阅读书目。

我在上大学时反复读《四库全书总目提要》，这种书要读下来，会在心里形成一个学术的版图。这个是受张之洞的影响，他的《书目答问》就是一本非常重要的举要性书目。做学问，就是要从这儿进入。

现在有了互联网之后，大家似乎对书目、索引类的书不关注了，认为网上都有。但我遇到这类书，依然都买。因为互联网的检索系统和我们以前读书目在大脑里形成的检索系统是完全不一样的。自己脑子里的学问地图和可以检索的学问地图相比，还是自己的检索系统让人踏实。

另外，史料书、年谱长编一类的书，我都是遇到就买，尽管有些暂时不用，我也会收集起来，非买不可。

还有日记，我是见一本买一本。日记只有读得多了，才能体现出故事，单独读一本日记是没意思的，只有在不同记录的佐证下，日记的价值才越发呈现出来，可以从中类比出一些史料的真实性。比如，《胡适日记》，写的当然是很真实，但是胡适有好多东西不写，于是需要借助别的日记来看到他不写的那些东西。又如，胡适与曹诚英的故事，他自己日记里没记，通过别人的日记，慢慢就勾勒出来了。这些就是日记对于学术研究的独特功用。

绿　茶：说到日记，去年有一本《郑天挺西南联大日记》，出版后受到学界和文化界的一致好评，这本日记应该很对您胃口吧？

马　勇：这本日记很重要，我多年研究蒋梦麟，郑天挺是蒋梦麟的学生，所以这本日记中有很多我以前没看到过的关于蒋梦麟的史料，价值很高，我还决定重新写一篇关于蒋梦麟的文章。你要是熟悉这里面的人脉关系，看这套日记，会有很多意想不到的收获。

绿　茶：历史研究中，还有一类史料是报刊，您的学术实践中会采用到报刊资料吗？

马　勇：真正有报纸是从一八九五年开始的，到一九四九年，这五十多年是真正可以用报纸研究的历史。但是，我们首先要对民国时期的报纸有所了解，了解它们各自的政治立场和取舍的判断。比如，同样关于革命，于右任办的《民立报》《民呼日报》等，立场肯定是革命是正义的、正当的。再看实业家张謇办的《星报》《通报》，以及他为大股东的《申报》等，就不是很主张用革命的手段解决问题。这些背后的立场就是研究的关键，只有通过大量阅读和参考，才能客观看待那段时期的历史。历史研究的温情，就是从这些细节中一点点呈现出来的。

◎ 历史研究拼到最后是史料解读的能力

绿　茶：不久前，读到一本北大尚小明教授的《宋案重审》，对史料的占有和运用真是炉火纯青，这种方法是历史研究的主流吗？

马　勇：尚小明教授是完全按照学术的路径在做宋案研究，他是史料派。他这个研究，之前有吴晗的底子。一九四九年前，吴晗一直注意收集宋案的资料，后来吴晗把这些资料都交给北大历史系了，它们在北大历史系多少年来一直没人去研究。之后，在这批资料的基础上，尚小明凡是遇到宋案资料，他全部收集起来，就形成了现在的规模。尚小明做得很刻苦。

对于近现代历史研究，史料研究是最重要的。但是，对于古代史，就不一定是拼史料了。

比如，陈寅恪，他就不以史料为主，他只以二十四史的史料为准。罗志田教授也是，他不读奇稀史料，只读大家都读的公共史料。罗志田的研究路径是出新，同样的史料，他能解读出新意，他的解读能力很厉害。陈寅恪也是，他的隋唐史没有一条史料是新的，但他能解读出新东西来。余英时也是，他研究戴震，从来不看那些所谓的稀见史料，就在公共史料基础上解读出新意。再就是台湾的王泛森，也差不多是这个方法。

像北大的田余庆教授这一代学者，就在大家常识的状态下，能研究出完全出人意料的结论，这就是历史解读的研究能力。北大中古史为什么牛气，就在于他们有很强的历史解读能力，这方面的传统来自陈寅恪。虽然陈寅恪出自清华，院系调整后，清华历史系并入北大，陈寅恪的几位重要学生如周一良、王永兴等都是北大历史系教授。

茅海建、沈志华、杨天石他们几位又是一路，他们主要看档案。在他们的特殊研究思路中，档案是必要的研究路径。

绿　茶：最后，想再跟您请教一个问题。作为普通历史爱好者，我们应该从什么路径进入历史阅读？您认为非读不可的书有哪些？

马　勇：对于普通历史爱好者，建议先读外国学者那些有大格局的通史作品。中国学者方面呢，要读"点"的研究。西方哪怕是一流学者，像史景迁这样的，史料解读能力都不行，中国学者在"点"的研究方面比外国学者强。外国汉学家的宏大叙事和全球视野，以及文笔是中国学者比不了的。像孔飞力的《叫魂》属于外国学者中"点"的研究极少极少的个案。

我比较推荐这些年出版的外国通史作品，如《剑桥中国史》《哈佛中国史》以及日本讲谈社的《中国的历史》，等等。这三家如果能阅读得比较明白，会比较好地构建出大历史格局。读历史，还是应该从通史角度切入，从远古通下来，不要一上来就钻入"点"的阅读。

（马勇　口述　　绿茶　撰写）

◆ 陆建德书房 ◆

英国文学专家陆建德老师，同时跨界历史研究，游弋借人物，谈戊戌变法，跨界学者书房自然拥挤起来，既有钱钟书中国典籍，也有英美文学原典，他的书房里多居其佳，井然混搭。

绿茶 庚子春

三月廿六

潮

书房主人

陆建德

中国社会科学院外文所副所长（2001年），《外国文学动态》主编（2002年至2009年），文学所所长（2010年），《文学评论》主编。著有《思想背后的利益》《戊戌谈往录》《海潮大声起木铎》等。

陆建德
在书房里谈往与说今

认识陆建德先生很多年了，也经常在一些会议和好书评选现场见面，直到去探访陆先生书房，才知道我们其实住得很近。走进陆先生家才知道，我之前借由照片画的书房仅是他家无数书墙的其中一面。此次终于得见全局。

有段时间借由照片画了很多书房，等一一实地探访时，确如陆放翁诗中所言"纸上得来终觉浅，绝知此事要躬行"，所以，在能出门的时候，尽量多多造访，除了可以深入地聊聊书房，有时间的话，应该重画。

陆建德先生出身知识家庭，祖父三十多年来一直在浙江大学服务。他虽说自己没有旧学底子，但家里有很好的读书氛围，祖父家有一些线装古籍。大学就读于复旦大学外文系，后留学英伦，博士毕业于剑桥大学达尔文学院。回国任职于中国社科院外文所，和冯至、卞之琳、杨绛等名家做同事。他曾任社科院外文所副所长，文学所所长，并主编《外国文学评论》《文学评论》等。学贯中西的他，同时任职外文所和文学所（相当于中国文学研究所），退休后，又跨入近代史研究。

陆先生书房，中文书和西文书都有丰富的收藏，还有一定数量祖辈、父辈留下的古籍，书多成灾自然也是读书人共同的烦恼，书找不着，而失而复得的乐趣又是如此迷人。和爱书人陆建德在书房里逛着聊着，说到哪本书时就一起去书房里找书，遍寻不着时，又发现别的书，就这样，一边找书，一边聊书，一边谈往说今……

绿　茶：刚才参观了您家书房，比想象中更壮观，书房对您意味着什么？

陆建德：书房是我们读书人生活中待得时间最长的地方，因为写作、读书、查资料都需要在书房，尽管我经常也在厨房、客厅写东西，但每次要查资料时，还是要去书房找书，但找书是个很大的难题，我家的书不都是在书房，不同的房间都有，所以，有时候为了找一本书，要花费很多时间。但这也有别样的乐趣，尤其是一些书失而复得的时候，会让人无比开心。还有些书，里面夹的条子、摘录、发票或其他一些旧物，也很让人激动。书房就是读书人快乐的源泉之一。

我书房里有不少祖父、外公留下来的古籍。我父亲读工科，对线装书兴趣不大。我现在书房里更多的都是个人阅读史和成长史的记录。其中有一套大约是道光年间出的线装《三国演义》，毛宗岗评注，共二十册，缺第一册（序和图像），读的人多，已谈不上什么品相了。我小学二年级开始，经常去祖父的寓所，听他给我读这套《三国演义》。他坐在紧挨窗户的旧沙发里，一边读，一边解释，我坐在榉木小板凳上听。我似懂非懂，更加想从"小书儿"的图像上认识刘关张和诸葛亮的模样。这些书房里的信息，会丰富我们的回忆。

绿　茶：可以说，祖父和外公给了您最初的启蒙吧？

陆建德：祖父在一九四一年的时候服务浙大（包括浙大前身浙江甲种工业学校）三十年，二十世纪五十年代初退休，与杭州的旧式文人有若即若离的交往。父亲是独子，他和母亲结婚的日期应该是在一九三七年八月十四日"笕桥空战"之后、第二次淞沪会战结束之前。一九三七年十一月，祖父率一家四口随浙大迁至"文军西征"的第一站建德，那是浙大"弦歌不辍"的起点。父亲是五十年代的副教授、浙大的画法几何和机械制图教研室主任。他身体不好，"文革"期间退休了。外公在二十世纪三十年代就去世了（肺病）。

关于祖父、外公、父亲及浙大的一些往事，我曾写过一篇文章《逃难》，太长了，不便转述。

绿　茶：那我可以理解为，您是接受中国传统旧学教育成长起来的吗？

陆建德：我是一九六〇年进小学的，那时早就没有旧式小学了，肯定是红旗下的小学。虽然小时候家里、学校里都能读到线装书，也不缺可读的书，但不是系统的国学教育，因为自从清末中国废除科举后，还没有形成全新的课程体系，所以，我们这代人虽然接受的是新式教育，却不够系统。而旧学底子已经没有了，不像钱锺书他们那一代人，有童子功。

我们高考的时候，外国文学特别热，就选择了读外国文学。我当时第一志愿报的是复旦大学外文系，第二志愿报的是北大中文系，后来就去了第一志愿。所以，人生的路也是蛮偶然的。

不过，那时候大学里的外文系，也有中国文学研究，并不是不相干的。后来，我到中国社科院外文所工作的时候，像冯至、卞之琳、杨绛等都在外文所，他们虽然是做外国文学的，但实际上也没有脱离中国文学。

绿　茶：那您的阅读和知识储备，最重要的阶段应该从复旦开始吧？

陆建德：复旦大学当然是很重要的时期，当时复旦外文系有好几位名家，比如系主任孙铢，教精读的曹又霖老师，教泛读的丁兆敏老师，还有丰华瞻先生，他是丰子恺先生的长子，此外，还有伍蠡甫、林同济、葛传规和杨岂深等老师，都是教过我的，陆谷孙先生当时还比较年轻，但已经很出名，不过他没有给我这届学生上过课。复旦外文系的《英国文学选读》和《美国文学选读》是同类读本中的佼佼者。

复旦毕业后由国家教委选派留学英国剑桥大学，当然也是很重要的阶段。我在剑桥达尔文学院。我博士论文写的是英国二十世纪批评家利维斯。留学时当然也读中国的书，包括有些当代小说和反响较大的论文，不过远不及英文著作多。读英国文学（含批评），可能还略微改变了我欣赏中国文学的方式。

在英国读书的时候，我蛮喜欢买旧书。英国旧书店里卖的旧书，也会有一些原来的主人留下的字条或其他。我现在的书房里，很大一批外文书是在英国留学期间买的。

绿　茶：近些年，您先后出版了《戊戌谈往录》《海潮大声起木铎：陆建德谈晚清人物》等。是什么机缘让您从文学研究转而进入中国近代史研究的？

陆建德：我的主要关注点还是在晚清、民国。自晚清以来，中国的道路不好走，我对晚清新政是比较同情的。那时候还是有很多特别重要的改革，并不是形式上的改革，而是制度上的变化。其中，《戊戌谈往录》里，有一些篇章是谈保路运动的，尤其是对辛亥革命和保路运动有一些对史学界固定看法的重新认识；《海潮大声起木铎》中，是对林纾的《荆生》翻案的一种努力，这个念头在英国留学的时候就萌生了。但这个问题谈起来比较长，建议你看看这本书。

中国近代的现代化过程，还是受英美影响更大一些。比如，当时的教会学校主要还是以英语为主。我父亲是上海交大毕业的，当时他在交大用的课本就是英文的。因为那个时候数理化在中国还没有形成一套体系，只能用英文的教材。

另外，还因为庚子赔款，我们可以看看近代各领域的专家，有多少人是通过这个渠道出去的，我们熟知的民国文人、科学家，很多都是通过这个渠道出去的。这批人回国后对中国现代化进程有着重要的影响。

还包括外国文学和外国思想的引入，也是现代化过程中的一环。鲁迅先生花这么多精力翻译外国作品，也可以看出那时候的人对于西方认识的渴望。鲁迅翻译的作品比他写的作品还多。

绿　茶：从文学研究到历史书写，您怎么看文学和历史的交互关系？

陆建德：这个问题特别好。小说和历史实际上是分不开的，中外都是如此。中国文学最典型的就是《三国演义》，如果再去读《史记》的话，《史记》中有大量文学性的描写。有一点是肯定的，这部作品有历史，也有虚构。

同样的事情，可以有不同的视角和不同的讲述方式，可以是历史式的叙述，也可以是文学式的表达，加入文学元素后，历史的表述变得更为宽广。小说家加入历史脉络之后，也会有更大的抒发空间。小说家永远有创造的空间，这对于历史学家也是一种启示，历史不是确定的，它也有各种阐释的可能性。历史学家和文学家彼此之间应该对对方都有着一种敬意，小说家在写作之前，有大量的案头工作其实是在书房和图书馆里进行的。

绿　茶：您书房里都是宝藏，可不可以分享几本？

陆建德：也没有什么宝贝，就是一些一般的书。我也不太在意版本，但因为跟自己的阅读经历有关，还有很多是留学期间买的书。但买这么多，也见证了自己一个又一个没完成的遗憾。

比如这一本，是费正清的，讲中国形象的书。中国人怎么看外国人，外国人怎么看中国人。这还是费正清的签名本，当时买的时候很便宜。书中很多材料其实来自上海的《点石斋画报》，现在像陈平原教授等很多人都认识到《点石斋画报》的价值，并且做了很多研究。但在费正清出这本书的二十世纪七十年代，关注这个报纸的人还不多。这个画报对于东西方文化比较，对于当时中国的风俗演变等方面，有着丰富的记录。这些年，费正清的书在中国出版了不少，但这本书似乎还没有中文版。

另外一本是邓拓先生的《论中国历史的几个问题》，是在中国书店买的一本旧书，也很便宜，大概一点五元。可能店员没留意，这本书是邓拓签名送给中国社科院历史所张泽咸先生的，你刚才看到我书房里那套《隋唐五代农民战争史料汇编》就是张先生编的。邓拓先生这本书里有一篇文章谈"中国历代手工业发展的特点"，张泽咸先生读得很细，给这篇文章做了很多批注，指出文章中很多的问题，毕竟张先生是传统史学训练出来的，他能看出很多问题。所以，这等于是张泽咸先生给邓拓先生《论中国历史的几个问题》这本书做了一个批注本。我现在在想，张泽咸如此细致校订，想必是想让邓拓先生再版此书时参考的，但这本后来没有再版过，所以，这些批注也没有机会面世。所以，这样一本书就很值得珍藏了。

还有这套《红楼梦》，现在人民文学出版社的《红楼梦》就是这个版本，道光年间的。封面都掉了，而且脏兮兮的。大概二十世纪六十年代，我们家有个邻居，我一直叫他外公，他借走这套《红楼梦》读，等还回来的时候我发现，外公把每一本都包上书皮了，还写上书名，而且，他书法还很不错呢。但是，外公叫什么名字我都不知道。这套书能保留到现在算是万幸，而且是全的，一共二十四册。

我书房里祖辈留下来的线装书还有一些，包括几种晚明的版本。我不是藏书家，所以，也不是很在意版本价值。我的书房里，中国古籍和西文书都有一定比重，散落在不同屋子里，给我找书带来很大的困难，不过我也乐此不疲。

（陆建德　口述　　绿茶　撰写）

◆宋杰书房◆

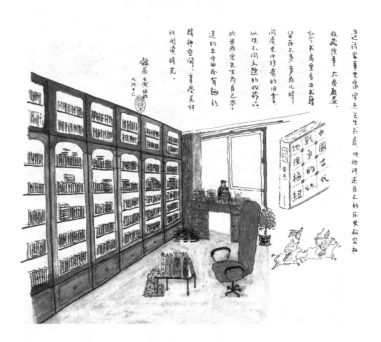

生逢祸事更累累宋杰先生书房，听他讲述自己的历史研究和收藏经年，大有厚益。

如今书房里专业书籍甚多不多，多为儿时阅读更中珍贵的旧书，以隆不同主题的收藏，此些为先生有自己恭，这个平宁的有趣的精神空间，享爱美好的阅读时光。

书房主人
宋杰

首都师范大学历史系教授。研究领域为中国古代军事地理。著有《先秦战略地理研究》《中国货币发展史》《汉代监狱制度研究》《三国兵争要地与攻守战略研究》《中国古代战争的地理枢纽》等。

宋杰

收藏是学术研究的重要调剂

小时候，我是三国迷，看了很多三国连环画。几十年后，我家小朋友也喜欢三国，借由他的三国阅读，我又重温自己的三国阅读往事。这些年，我买了很多三国相关的书，一方面重温，另一方面可以和孩子更好地互动。

有一次去中华书局开会，在伯鸿书店看到宋杰老师的《三国兵争要地与攻守战略研究》，如获至宝，这正是我最想开拓的三国阅读视野，在地理战略的角度，认识三国的攻防转换和战略转移。这三大卷一百多万字的大著，显然我家孩子没多大兴趣，这样，我在和他互动三国知识时，就有了压倒性的优势。今年，又读了宋杰老师的《三国军事地理与攻防战略》，进一步丰富了对三国战略地理的认识。宋杰老师还有另一本名著《中国古代战争的地理枢纽》再版，我读后大呼过瘾。

采访中了解到，宋杰老师正在写"三国"的第三本，《三国战争与兵要地理新探》，可谓"三国战略三部曲"。第一本《三国兵争要地与攻守战略研究》出版后，有论者评价其书结构不太好，曹魏内容太多，吴蜀则太少。于是，第二本《三国军事地理与攻防战略》侧重补充了孙吴部分。接下来的第三本则偏重蜀汉内容的完善。

宋杰老师说自己现在年纪大了，做不了太大的课题，只能重拾年轻时打下的考据功力，从小处入手，"小题大做"。但"三国战略三部曲"合璧显然不是小题，而是很庞大的系统，也必然是"三国战略"领域的集大成之作。

在宋杰老师书房，欣赏他不同主题的收藏，如邮票、古钱、徽章、印戳等，每一个门类的收藏都非常可观，让人目不暇接。可能人都有这个心理，喜欢与人分享自己珍藏的宝贝。宋杰老师一件件展示他收藏的宝贝时，那份快乐与舒畅，特别感染人。宋杰老师说，收藏是他学术研究的一种调剂，可以缓解焦虑。但在我看来，这是宋杰老师真性情的表现，是他最真实的一面。

而他书房里，如今学术专业方面的书不多了，余下都是宋杰老师说的"闲书"，更多是他小时候读过的书，他在一点点地补充和购买，有些书补齐很困难，甚至花很高的价钱，但一点点淘书，重构自己儿时的阅读史，是一种怀旧，也是让人欲罢不能的事。宋杰老师进一步表示，自己几十年的学术研究，就是阅读生活的反映。很艰苦，但乐趣无穷。

今天，我们一起走进宋杰老师的书房，听他讲述自己的学术生涯和收藏往事。

绿　茶：每个人都有自己的阅读史，但你们这代人处于阅读饥渴年代，那时候的阅读路径是不是都差不多？

宋　杰："文革"开始的时候，我上初一，上了一年初中就下放到农村了，在那里待了两年。后来招工到了地质队搞勘探，又干了五年。因为是独生子女，获准调回北京父母身边，到了一个中学的校办工厂，又做了三年车工。

插队的时候，没书可读，后来在地质队，倒是有机会借到一些书来读。在那个阅读饥渴的时代，每次借书，都要先说好，借多长时间，有时候第二天必须还，经常熬夜把书看完。记得那时候看福尔摩斯，都是玩命地看，熬夜看，按时归还，不然下回人家就不借你了，这样的好处是训练了快速阅读的能力。尤其是一九七五年和一九七六年，政策有所放松，可以买到一些书了，有些名著就是在那时候读的。

一九七七年，恢复高考，我文史的底子还不错，高考的时候主要复习数学。因为当时正在中学的校办工厂，所以，有什么不懂的，就可以去问学校的老师。后来，数学考了七十六分，是三门里最低的，但顺利考上了北京师范学院（现为首都师范大学）。当时，文科只有三个选择，政教、中文和历史，我从小比较喜欢历史，就选了历史专业。

绿　茶：那么可以说，您后来从事历史研究，跟早期的阅读及其
影响还是有一定关系吧？

宋　杰：是的，很有关系。北京师范学院不算一流，但我们学校
有很多老师是一流的。本科时候，听过我们系宁可教授
的"中国历史的地理环境"一课，留下深刻印象。毕业留
校刚好分到中国古代社会经济史研究室，在宁可教授专业
指导下工作。后来又在其门下攻读博士学位。宁可教授当
时有个设想，酝酿一个庞大的课题，研究"中国历史上的
东西和南北"。在这个思路启发下，我把自己的博士论文
确定为《先秦战略地理研究》。我的计划是后续还有《秦
汉战略地理研究》《三国战略地理研究》《两晋南北朝战略
地理研究》等。但实际上只完成了先秦和三国两个部分。
我后来完成的《中国古代战争的地理枢纽》实际上也是导
师设想的"中国历史上的东西和南北"这个大课题里的一
部分。

我的主业是秦汉史，平时报项目、发文章都是在主业范
围内，因为军事史在主流学界、历史主流刊物都不太受
欢迎。在国外，军事史是一门显学，很受重视，但在中
国刚好相反。战争史在大众层面是很受欢迎的，但在学

界不是很受重视，这在中国是有传统的。看司马迁父亲司马谈的《论六家要旨》，其中就没有兵家，兵家在中国古代一直是游离在主流学术之外的。

我因为儿时受《三国演义》的影响，对三国这段历史和军事有着挥之不去的情结。上大学后跟导师聊，自己想做中国古代方面的军事历史，导师也认可，他推荐我看英国学者麦金德的名著《历史的地理枢纽》，这本书给了我很大的启发。

二十世纪八九十年代开始，军事史领域有了一个分支叫战略地理学，并且，有一些重要的研究成果，像陈力的《战略地理论》、董良庆的《战略地理学》、雷杰的《战略地理学概论》等，这几本书对我的影响也很大。这些书举的例子都是现代的，古代的战例很少，但是他们提供的理论方法对我帮助很大。研究三国，前人已经做了很多，换一个思路、方法来写，就开阔多了。我的《三国兵争要地与攻守战略研究》，一百多万字，要没有采用新的理论方法，是很难做出来的。宏观的历史研究想要创新，需要有若干条件，其中一个是你掌握了大量新的史料，再一个就是掌握了新的理论方法。

我接受的历史教育是很传统的。开始跟宁可教授学习的时候，他坚决不让我碰大的课题，而偏重一些考据的小课题。记得当时导师给我选了一个题目是《〈九章算术〉与汉代社会经济》，这个课题很难做。但是，经过好几年严格的考据训练，对我后来的历史研究有很大的帮助。历史学家严耕望说过："年轻人要小题大做，中年人要大题大做，老年人要大题小做。"我现在岁数大了，就重新拾起上学时的考据训练，也是大题小做，像《中国古代战争的地理枢纽》那样大题大做的书，现在肯定是写不动了。

导师给我布置的任务里少有兵学的题目，我后来做的军事地理方面的研究主要是自己凭个人兴趣，再结合一些新的理论方法，摸索出来的一种研究方式。

绿　茶：研究三国，必然面临《三国演义》和《三国志》的比较，也就是文学与历史的关系问题。您觉得，虚构在历史中扮演着什么角色？

宋　杰：从历史研究的角度来说，虚构一般是不可以的，但这些年，西方也出现了很多"虚构的历史研究"，也很有意思。好的文学著作对历史研究是很有帮助的。对于中国古代史的前半段，遇到的问题很多是孤证，或者线索很少，这种情况下怎么办呢？一种是胡适当年说的，"有多少史料，说多少话"，但如果都是这样呢，就会有很多问题无话可说。我举个例子，比如说：赤壁之战。在赤壁之战中，刘备究竟扮演了一个什么角色？正史中讲得很少，总共加起来也就一两条。按过去的情况，就没法做了。能不能在史料极端不足的情况下做一些推想，比如，刘备在赤壁之战过程中做了什么？曹操败了之后他又干了些什么？不是说完全空想，还得有些旁证，是不够充实的材料，结论也可以做一些推想，让读者去考虑评判，这样总比什么也不写要强一些。

现在科技发达了，对于历史地理方面有很多复原技术。我的《三国军事地理与攻防战略》一书最后一页，是一张"乌林—赤壁形势图"。通过这张图我们看到，周瑜驻扎在赤壁山一带，对面是乌林，曹操就驻扎在这儿。当时为什么选择这么一个地方阻击强大的敌人呢？这是周瑜选择的。原来我们都不清楚，但是看了地图上的显示，明白长江在这一块有一个巨大的沙洲。周瑜的部队把守着南侧的主航道，北边的狭窄航道则很可能是由刘备把守的。刘备的兵力当时只有两万人，火烧赤壁之后，周瑜的部队没有参与和曹兵的陆战，在乌林和华容追击曹操的是刘备，可见他的部队驻扎在北岸。

这张图是复旦大学历史地理学者，根据航拍以及复原技术实现的一种推演。这块区域和三国时期相比基本上没怎么变，就是沙洲现在稍微变小了一些。类似这种，在材料不足的情况下，就可以发挥一些想象，推测刘备可能是在长江北岸阻击并追击曹军。

我做三国研究，不会采用《三国演义》的东西，偶尔会看看，看演义中怎么说，但实用时必须得用正史。《三国志》之所以受人重视，就是因为这段时期的史料现在能见到的太少了。南朝刘宋时期的裴松之，在给《三国志》做注时引了很多书，这些书当时他肯定都能看到，但现在都没有了；司马光在编《资治通鉴》的时候，他能看到的三国相关的书也比我们现在要多。这就是做历史研究很被动的地方，先人给我们留下什么资料，我们就只能在这个范围内做，不能脱离前人的轨迹。

还有一个说法叫"孤证不立"。不过像秦简、汉简里的法律条文，有一些也是孤证，按过去的历史研究标准，这些也是不能采用的，但现在大家慢慢都接受了这些史料是来源可靠的，因而即便是孤证也是可以使用的。当然，最好还是能在文献或其他材料中找到一些有关的旁证，使它能够确立起来。

绿　茶：您现在还在做哪方面的研究？

宋　杰：还在做三国，现在正在写第三本。本来觉得已经写完了，但还有一些题目很难写，原来不打算写了，但现在还是想再深入一下，看看能否把它解决。比如战略要地阴平，史书的材料太少了，只是《邓艾传》《钟会传》中有那么几条，很难写，但现在尽量搜集旁证，争取做到广征博引，来设法攻克这个难关。

　　　　我的第一本三国的书出来后，有些评论很尖刻，说我这书结构不好，曹魏的内容太多，吴蜀的内容太少，不成比例。这里边有些客观原因，首先是《三国志》里曹魏的资料较多，吴蜀的资料欠缺，研究的难度较大。另外，这本书是国家社科基金后期资助项目，有严格的时间要求，一年之内必须交稿，许多内容来不及写。所以，在结构上就出现了偏重。但是那位读者的意见还是有道理的，应该接受。读者是作家的"上帝"，为了使他们满意，我就想还是要尽量补上一些吴蜀的内容。孙吴这边，第二册基本上补得差不多了。第三本就想再争取多补一些蜀汉的内容。

绿　茶：您也玩收藏，是吧？主要涉及哪些方面的收藏？

宋　杰：收藏对我来说就是休息，是做研究过程中的一种调剂。有时候做研究累了，烦了，就去潘家园、官园、月坛等古玩市场淘淘东西，特别解压。忘了哪位老先生说过："治学的人应该有一些无用的小爱好。"淘古物，玩收藏，不见得对学业有直接帮助，但它能让人更清醒，也能开阔视野。

我小时候，主要是集邮。后来经过"文革"，邮票都丢光了，现在就剩下一本，是"老纪票"，从新中国成立开始发行的第一套叫"纪1"，到"文革"开始时结束"纪122"，一百二十二套，一张不缺。

后来收藏古钱。玩了有十几年，在学校开了一门课"中国古代货币史"，又写了一本书《中国货币发展史》，后来因为价格越来越高，玩不下去了。一九八一年，我大四，毕业论文一交，没事了，就瞎逛。官园、月坛等古玩地摊都去，看见成堆的古钱币，有些都是没砸开的。这种很便宜，一斤两元，一般有一百个左右。单买的话，一个北宋的钱币，也就五分钱，可以按不同年号、字体去挑。但是明朝的古钱反而贵，一个几毛钱。我就纳闷，为什么北宋比明朝的便宜？我就问摊主，他们说自己不懂，就是什么多什么就便宜，物以稀为贵。

后来又玩奖章。当时赶上苏联解体，大量的苏联奖章流进来，月坛、潘家园，苏联的奖章满地都是，也是一套一套的，像攻克柏林、攻克哥尼斯堡、解放华沙、解放贝尔格莱德、解放布拉格等。一枚十几块钱或几十块钱。还有像苏联国内战役的，都叫"保卫"。保卫莫斯科、保卫斯大林格勒、保卫列宁格勒、保卫高加索、保卫基辅等，一套有七个。当时就买了很多苏联奖章。后来也玩不起了，越来越贵了。尤其是勋章，很多都是金的，像列宁勋章，金就有三十多克，光金价就得四千多。收藏到一定地步，就没法再玩下去了。

不过，徽章一直还玩着，就是不断换主题。最近，又玩起拿破仑战争纪念章，已经收藏了一百多个，再找已经非常少了，而且价格也高了，也快玩不下去了。

我的"日本侵华战争印戳"收藏，应该是全国数得着的。日军每打一个战役，就会在日本国内出这么一种印戳。我这里分了三类，一是甲午战争，二是抗战，三是太平洋战争。抗战的戳有四百多个，甲午战争的几十个，太平洋战争的七八十个。我收藏的就是盖在纸本上的印戳，在日本叫印影。就像我们现在旅游，到一个景点，盖一个纪念戳。这些东西也都是从日本流过来的，很多做旧书流通的，捎带的就把这些弄进来了。这些收藏也花了不少钱，现在这些东西基本上也没有了，很难买到。一个印戳本子，少则一两千，贵的三四千，比如这里最少见的"占领东沙岛"印戳，那本就卖得特别贵。

同时，我对这些印戳都做了相关的研究，每个戳的历史背景、照片等都有相关的整理和收集。自己印了两本册子。但是这个东西出版有一定难度。

我藏的东西种类太多了，可以办五六个展览。

绿　茶：可以分享一些您书房里的好书吗？

宋　杰：我现在不做大的选题了，书房里留的书不是很多，原来大多数专业书籍都送给同事、学生了。现在书房里除了一些基本史籍，如前四史、《读史方舆纪要》等，就是一些军事历史方面的书。而最多的就是一些供消遣的闲书，主要是文学方面的，以及小时候读过的书。

像上海译文出版社的这套《安徒生童话全集》十六本，这就是小时候读过的书。还有《三国演义》和《水浒传》，我收藏了很多版本，还有金圣叹批注的版本。再比如这套儒勒·凡尔纳的小说，是中国青年出版社出版的一版一刷，我花了将近一万元才买下来的，现在很难凑齐了。还有一九六一年版的这套《森林报》（春夏秋冬），也是我小时候很爱看的书。最奇妙的是有套评书《兴唐传》，一套十本，我缺三本，后来在潘家园正好淘到缺的这三本。它们还不是挨着的。

当然，这些书都是后来买的，年纪大了，借由重温自己小时候的阅读史。

绿　茶：在您的阅读生涯中，什么书对您影响最大？

宋　杰：如果只举一本的话，还是《三国演义》。我五岁时，第一次看一九五七年出的《三国演义》连环画，而且我还知道有两种不同的"赤壁之战"，为什么呢？因为我在托儿所把别的小朋友的一本《赤壁大战》给撕坏了，让我赔。我父亲去书店买了一本赔给他，他说不是那一本。后来我才知道，有一本是成套连环画中的《赤壁大战》，还有一个单行本的《赤壁大战》，两个版本的绘画和内容多少是有些不一样的。

绿　茶：您读书有什么独到方法吗？

宋　杰：也没什么特殊的方法，就像培根所说的，读书就跟吃饭一样。一种是狼吞虎咽，我们可以称之为"泛读"；另一种是东挑西拣，可以称之为"选读"；还有一种就是细嚼慢咽，当然就是"精读"了。基本上就是采取这三种方法。我几十年的学术研究，就是我阅读生活的反映。很艰苦，但也乐趣无穷。

（宋杰　口述　　绿茶　撰写）

◆ 肖复兴书房 ◆

书房主人

肖复兴

作家，曾任《人民文学》副主编。曾获冰心散文奖、老舍散文奖、朱自清散文奖等。著有《肖复兴文集》十卷及《我们的老院》《咫尺天涯：消失的老北京》《天坛六十记》等。

肖复兴

书也有平凡或不凡的命运

认识肖复兴老师很多年了，当时我在报社编副刊，经常刊发他写
北京胡同的文章，也亲自走访过很多肖老师写的胡同。看文章跟
亲自走的确有很大不同，你能从文字中走出来，感受历史与现场
的微妙变奏。尤其是前门一带，当年走的时候能真正感受到浓浓
的南城味道，没几年，前门胡同区已彻底商业化、时尚化。好在
肖老师的《蓝调城南》《八大胡同捌章》《我们的老院》等，为我
们记录下了不一样的城南味道。

二〇一七年的一天，和罗雪村兄一起在肖复兴老师家聚，后又一
起去拜访高莽先生。也就是那天，我们仨商量创立"一群文画人"
公众号。二〇一八年二月一日，"一群文画人"上线，成员包括肖
复兴、赵蘅、罗雪村、孟晓云、冯秋子和我。六个人乐此不疲地
"边写边画"。二〇一八年十二月二十二日，在中国现代文学馆举
办了"边写边画——屠岸、高莽逝世一周年纪念展"，"一群文画
人"作品也集体亮相。展览过后，肖复兴老师说自己精力不济，

暂时停止公众号发文，但他其实一直在执着地写写画画。

再次拜访肖复兴，我们聊文学、写作和书房。肖老师的书房平静、素雅，没有所谓的善本，更多的是他认为对自己有影响、有意义、有使用价值的书，它们记录和承载了故事与人生，还包括了一百多种肖老师自己的作品。

肖老师的书房里，主要有几类书：古典诗词、明清小品、老北京的书、青少年时期阅读的书……遗憾的是，留到现在的已经不多了。

今天，我们一起来到肖复兴书房，聊聊文学与阅读，以及那值得回味的往事。

绿　茶：您的阅读启蒙是从什么时候开始的？

肖复兴：我真正的阅读是从小学四年级开始，当时花一角七分钱
买了一本《少年文艺》（一九五六年第六期），这期印象
最深的是刘绍棠的《瓜棚记》，之后就持续买。这本小
小刊物中给我留下深刻印象的还有王愿坚的《小游击队
员》、王路遥的《小星星》等，其中还有一位美国作家
叫马尔兹，他有一篇小说叫《马戏团到了镇上》，我印
象特别深。

这个小说写的是：有两个小孩，听说有一个马戏团要来
镇上演出，他们大老远地从清早出门到镇上已经中午
了。一打听，看马戏要票，他们没钱，很沮丧。后来有
人出主意，说一会儿马戏团来了之后，你们去帮着卸东
西、干活，一人可以得一张票。等马戏团来了，这俩小
孩就帮人家干活，累得够呛，但是很高兴，因为真的一
人得了一张票。等晚上马戏团演出开始，小丑刚一出
来，这俩小孩就睡着了，因为太累了。

对这篇小说印象太深刻了，我觉得小说真有趣，有这
么出乎意料的结尾。可以说，我的文学启蒙就是从这
篇小说开始的，要没这篇小说，我可能不一定走文学这
条路。

从此，我一直买《少年文艺》，买到最后一期。一九五六年之前的《少年文艺》都没看过，我特别想看全，后来在旧书店淘了一些。最后，去国子监首都图书馆（旧址），每周日下午都去那里看《少年文艺》，终于看全了。

中学期间，还有几个作家对我影响很大，一个是萧平，比如他的《海滨的孩子》，后来他还出了一本小说集叫《三月雪》，我买了一本。还有一个作家叫任大霖，他有篇很小的文章叫《蟋蟀》，还有一篇叫《打赌》，我又看了一篇《渡口》，都特别喜欢。

对我的阅读，最大的营养都来自小时候。那时候阅读过的书和小说印象特别深。我不太赞成读书破万卷，认真地读一个人的书或读透一类书，对人的影响和帮助可能更大。

绿　茶：那您的写作启蒙又是从什么时候开始的？

肖复兴：初二的时候，我们学校办了一个板报叫"百花"，上面贴着一张张稿纸，都是老师或高年级学生写的。其中，有一位高三的学生叫李元强，他老在上面写"童年往事"，我觉得写得挺好，于是也开始模仿他这样写。写一点自己的生活，有点向小说靠拢的小文。

初三的时候，北京市搞了一个少年儿童作文比赛。我有篇作文老师觉得写得不错，就寄给了征文组委会，没想到得奖了。之后，出版社要出版得奖的二十篇作文，请叶圣陶作序，每篇文章叶圣陶都做了点评和修改。叶先生的修改特别详细，是逐字逐句修改的。修改稿教育局印了一个小册子发给老师，老师就把这个小册子给我看，说，你看看人家叶圣陶先生给你修改的。修改稿字斟句酌，对我帮助特别大。一是鼓励了我；二是看到名家怎么修改，也让我大受启发。初三毕业那年暑假，叶圣陶找我们班两个同学上他家去，这是我头一次见大作家。初三是我文学生涯的一个起点和转折。

高中上的汇文中学，是个百年老校，藏书特别多。高一、高二那两年读了大量的书，近代作家的作品和国外的名著，基本上都是那两年读的，可以说是我的阅读高峰。当时脑子好，精力充沛，做了很多笔记。之后，我就到北大荒插队了。去北大荒时带了一箱书，但是带的这批书很快就看完了。

我有个同学在兽医站，他们站有个钉马掌的叫曹大肚子，他家有很多书，听说我爱看书，跟我那同学说，你让肖复兴来找我。同学就来找我，我当天晚上就赶到同学那儿。曹大肚子让我开个书单，回去给我找。我就写了三本书，一本书是亚里士多德的《诗学》，一本是艾青的《诗论》，还有一本是伊萨科夫斯基的《论诗的"秘密"》。他看了看书单，下午拿报纸包着一包书，我打开一看，就是这三本书。那是一九七一年，这三本书当时在北京找都非常困难。

在北大荒时期，我主要从曹大肚子那里借书看。他是当兵出身，曾是个上尉，有点钱，都买了书。但他从来不让我上他家去，每次借书都是开书单。在北大荒，因为曹大肚子，我一直有书看。临走前，我决定无论如何要上他家看看，我就直接去了。他家有个小偏房，一屋子都是书。

◎叶圣陶一家三代的帮助

绿　茶：真是难得有这样一个人，让您依然能享受到阅读。除了阅读，写作是不是您北大荒岁月排解孤独的方式？

肖复兴：的确，我就是在北大荒时期——一九七一年冬天真正开始写东西的。一个冬天写了十篇散文，我就给叶圣陶的孙女（她跟我同龄）寄去一篇，让她帮我看看，她就把我的文章拿给她爸爸看。她爸爸叶至善原来是中国少年儿童出版社的社长，当时从"五七"干校回来正赋闲在家，看了我的文章觉得写得不错，也像叶圣陶先生一样，逐字逐句帮我修改，完了让他闺女把修改稿寄回给我，同时附了一封信，信中说，你如果有其他文章，也寄来给你看。于是，我把其他几篇都寄给叶先生，他每篇都给我做了详细的修改。老一代编辑家真是认真。

一九七二年，纪念毛主席《在延安文艺座谈会上的讲话》发表三十周年，各地报纸副刊纷纷刊登文艺作品，我们农场场部有搞宣传的，到处征文，听说我写东西，就跟我要了一篇。我就把叶先生修改过的文章重新抄了一份给他，他们复印了好几份，寄给黑龙江的几家报纸，没想到，这几家报纸都刊登了。这给了我极大的鼓励。

一九七二年，《北方文学》复刊，有个叫鲁秀珍的编辑看了我的文章觉得写得不错，从哈尔滨到农场找我，当时我回北京探亲了，她给我留了一封信，提了几点修改意见。我回去后，根据她的意见修改好并寄给她。这篇文章就发表在复刊后第一期上。这是我正式在文学刊物上发表的第一篇文章。这篇文章叫《照相》，写北大荒的生活和友谊。

绿　茶：回想您的文学生涯，觉得自己的写作受哪些作家影响比较大？

肖复兴：刚才说了小时候的阅读启蒙，高中之后以及后面的写作生涯，对我影响比较大的作家有契诃夫、屠格涅夫、罗曼·罗兰、雨果、巴乌斯托夫斯基。罗曼·罗兰的《约翰·克里斯朵夫》、雨果的《九三年》都对我影响很大。其实，我看书不是特别多，但是我都在认真看。我的创作中，可能这些人的影响都有，是一种综合性的影响。

粉碎"四人帮"后，我发表的第一篇文章叫《玉雕记》，发表在一九七八年第四期《人民文学》上。当时，我在中学当老师，是个很业余的作者。那年秋天，我去中央戏剧学院上学，大学四年，陆续写了一些作品。直到一九九七年我才调到《人民文学》工作。

◎从最熟悉的开始写

绿　茶：您的写作领域很广，我看书架中您的作品有上百种，涉及不同方向，是怎么做到的？

肖复兴：我主要写我熟悉的领域。我曾经一度在《新体育》杂志社，和文坛瓜葛不多，一直是文坛里的"孤魂野鬼"。还是孙犁先生说得好："背靠文坛，面向写作。"孙犁先生晚年的杂文对我影响很大。他从往年的经历中，去调整和现在的勾连，去找自己的写作方向和动力，而不是按惯性去写作，为写作而写作。这也引发了我的思考：我写什么？能写什么？

就像我写老北京，我选择我熟悉的。北京太大，我缩小到我熟悉的南城，所以，我写了《蓝调城南》；但是，南城其实也很大，我最熟悉的就是前门一带，于是，我就写八大胡同、鲜鱼口等胡同。文章被出版社看到，建议我扩展一下，于是写了《八大胡同捌章》。前门也很大，我最最熟悉的是我家门前的打磨厂老街，但老街也很大，最后，回到我生活的老院。我把我们老院的格局、提纲以及多年来的采访、走访资料都准备好，二〇一六年在美国一口气写了《我们的老院》。

绿　茶：看出来了，您的每一个主题和系列，都有浓浓的生活经历和故事背景，怪不得您能这么信手拈来。

肖复兴：每一个作者都有自己的长处和短处，认识到这点，我们的写作就能找到合适的表达方式。我每次写完一个主题，都会停下来问问自己：我还有什么东西可以写？能不能写？

于是，作为老三届，我写了一组老三届，姜德明老先生看到了，希望在他主持的人民日报出版社出版，于是《啊，老三届》第一版就是他给出的；北大荒的生活，我更侧重描写那一代人的命运,《北大荒断简》就是这样的记录;我当过多年的中学老师,那一段生活我觉得也值得书写,"青春三部曲"《早恋》《女生日记》和《青春奏鸣曲》就是记录的那段生活。

二十世纪九十年代,我在《新体育》,去德国报道比赛,在超市里买了很多处理的唱片,很便宜。后来,在北京的一个免税店买了一台当时最好的先锋音响,之后听了十几年古典乐。那时候很痴迷古典乐,就开始在报纸上写音乐专栏,这些就是后来的《音乐笔记》。这本书一版再版,后来陆续又出版了《音乐欣赏十五讲》《春天去看肖邦》《最后的海菲兹》等。

二〇〇〇年后,儿子肖铁跟我说,爸,你别老写这些,我给你拿些摇滚的唱片听听吧。儿子就给我拿了一书包摇滚唱片,老艺术摇滚、迷幻摇滚等,特别好听。我也听了很多艺术摇滚的唱片,还跟着他去五道口买打口带。后来,写摇滚的这些文章结集成《聆听与吟唱》。

◎家里基本不留没用的书

绿　茶:您现在的书房,是阅读史的积累吗? 小时候的那些书还在吗？

肖复兴：小时候那些书基本不在了，大部分都是粉碎"四人帮"之后慢慢买的。我不藏书，而且随看随扔，家里基本不留没用的书。我认真看过，对我影响大的，以及现在正在用的书我才留。

我的书房主要有几类书。一类是古典诗词，退休之后我学习写古典诗词，这些书我收了很多。其中最常看的陆游的《剑南诗稿校注》八卷，还有《读杜心解》上、下册，这两套书我一直在看。还有一类是明清小品，这些作品和现代人的感情比较接近，短小有趣。

再就是关于老北京的书。因为我写老北京，凡是涉及此类的书，能找到的都会收。

还有一类是青少年时期对我影响比较大的作家的书。比如，巴乌斯托夫斯基，前些年出版了一套他的《一生的故事》六卷，我也是经常读，每一次读都很有启发。

我的书房里有年头的书不多，当年偷了我爸五元钱，买了《陆游诗选》《杜甫诗选》《宋词选》三本书，是少年时的阅读记忆之一。后来，我又买了一本《李白诗选》，上面的藏书章也是我自己刻的。

还有一本比较老的书是郭风的《叶笛集》，一九五九年出版，我买的是一九六二年再版的，东安市场买的，一角钱。那时候我上初二。这是少数留到现在的小时候的书。这本书，我曾带去北大荒，别的书都让人借走不还我了，这本书没人看，我就一直留到现在。所以说，书也有自己平凡或不平凡的命运。

（肖复兴　口述　　绿茶　撰写）

我和赵蘅，有宿缘。雪峰村，冯秋子等人共同创办了"一群文画人"公号，也一起去中国现代文学馆办过画展。左画右方画，他们五佳蘅是我的老师，从他们身上学到很多。

赵蘅老师从小学画，科班出身，今享画名丰收的她对画之依然热情如火。身具无敬畏者，所到之处连写连画，连写功夫更是一流，猪猪朝阳阁关玄家里也治婚，限止她画画，画小匠里为人等等，也画自己葡日菜谱。这样的情趣宴为画面之根本。雪村兄说，"起街家处处可入画"，我于是切真一南，速写如是，画画家之书房也。

嫘萦庚子春四月廿六瀚

书房主人

赵蘅

画家，作家。浙江温州人。著有《拾回的欧洲画页》《下一班火车几点开？》《和我作长夜谈的人》《我的舅舅杨宪益》等。父亲是翻译家赵瑞蕻，母亲是翻译家杨苡。

赵蘅

书房里藏着整个家族的档案

赵蘅老师和我是温州老乡，虽然她没出生在温州，但她父亲赵瑞蕻先生却是土生土长的温州人。每次见面，赵蘅老师总以"温州小老乡"相称。我和赵蘅、肖复兴、罗雪村、孟晓云、冯秋子六人联合做了一个画画的公众号"一群文画人"，还在中国现代文学馆办了一次展览。这些年，我从他们几位身上学到很多画画的技艺和理念。如今，"一群文画人"已停更，但我们这个小群体依然交往密切，不时小聚。

赵蘅老师从小习画，长大后在中国农业电影制片厂从事美术工作。农影小区的赵蘅老师家，整洁而温馨，从进门开始，柜子、书架、桌子、电视柜，上面都整齐码放着不同类型的书。她说从小喜欢整洁，哪怕是下放劳动时，自己床铺上那一点空间，都要整理得有序、舒适。

书架和柜子里，是精心整理的家族档案和书籍，每个区域都有清晰的主题。大量的书信和日记，透露着时代的气息以及人情的温暖。爸爸赵瑞蕻的全部档案分散在家里不同区域。赵蘅小时候，爸爸在东德教书，父女间频繁通信，小姑娘跟父亲讲述小学生活的点点滴滴、喜怒哀乐，这样的父女情深如今读来更是深情动人。

妈妈杨苡今年一百零二岁[1]，母女俩感情深厚，每天南北通话，天南地北海聊。母亲新写了文章或诗歌，也总是第一时间在电话中念给女儿听，像个文学女青年一样希望得到鼓励。赵蘅每年无数次往返北京和南京，帮妈妈处理各种事，也代表爸爸妈妈参加各种文学活动。

赵蘅是家中姐弟仨中的老二，十五岁离家到北京读书，早早地开始独立生活，培养了良好的自我料理事务的能力。因为喜欢文学，于是肩负起保管和整理家族档案的重任。如今，赵蘅北京的家里，可谓一座小型的家族档案馆，她在一点点梳理和整理这些珍贵文献。

赵蘅老师还是一名勤奋的画家，画画让她的退休生活有生机，有幸福感。现在，她需要拿出大量的时间整理家族档案，花在画画上的时间显然少了。赵蘅老师的速写功夫非常惊人，家里有无数的速写本，记录着生活和这个世界的点点滴滴。疫情居家时期，

---

1 著名翻译家杨苡先生于二〇二三年一月二十七日晚去世，享年一百零三岁。——编者注

赵蘅老师每天画每日餐食，画了厚厚的一大本。

作为一名画家、作家，以及文化名家之后，赵蘅低调而平实，她爱爸爸妈妈，对那一代知识分子有着深深的敬佩，虽然自知赶不上他们的修为，但作为后辈，她也希望在自己涉足的领域能尽量做到最好。并且，通过整理他们的文献、档案，进而更全面地认识和理解那个时代的精神气质。

绿　茶：您生在文人家庭，这对您的阅读启蒙有着什么样的
影响？

赵　蘅：五六岁时，我在南师大附小开始读小学，我们家搬到陶
谷新村，在一栋独立房子的一层，那里很僻静，刮风下
雨，窗外有那种"呼啸"的感觉，我妈妈就是在那儿翻
译的《呼啸山庄》，"呼啸"的感觉就是从那儿来的。我
也是从那时候开始读书、涂鸦。对我们家而言，读书似
乎再正常不过，就是日常生活，不读书，反而奇怪，我
家最大的财富就是书，这对我的童年影响特别大。

我的童年是比较幸福的，加上爸爸在国外教书，我们
家很早就有爸爸寄回来的国外的书，尤其是童话书多。
现在还有印象的如安徒生的《小人鱼》《卖火柴的小女
孩》，格林兄弟的《灰姑娘》，还有马雅可夫斯基的《什
么叫做好，什么叫做不好？》，这本书插图很精美。我
也喜欢读任溶溶翻译的《亲亲爱爱的一家人》等。

绿　茶：真是让人羡慕的童年，您还能记得读了哪些书吗？

赵　蘅：一九五三年，我八岁的时候，高教部来调令，让我父母
去东德卡尔·马克思大学（现为莱比锡大学）教书，我
们把南京的家贴上了封条，全家到了北京，但后来又来

了新指示，不能带小孩，最后只好爸爸一个人去，妈妈带着我们几个孩子留下，我们又回南京去了。父亲在东德那些年，我们频繁通信，我的写作就是八岁以后给爸爸写信开始的。我是三个孩子中写信最多的，有时候爸爸只给我一个人回。就这样，我一直写到十一岁。有新政策说大学教授没有家庭不合理，长期这样不行，又同意我们一家人过去。一九五六年，妈妈带着我和弟弟一起去东德和爸爸团聚，姐姐当时上学没去成。

我爸爸临走前几年，给我们姐弟一人一口袋信，把当年那些信都留给我们了，信里记录了我从八岁到十一岁的全部生活，包括看了什么书、什么电影，画了什么画，等等。

绿　茶：您对父亲早期在温州时的生活了解吗？

赵　蘅：我爸爸对温州家乡的热爱，我们从小就知道。但他平时话不多，也很少跟我们讲述他的家乡往事。他写过很多篇回忆家乡和老家故人的文章，我也是通过文章才感受到他对家乡爱之真切。

他生于挺大的一个家族，爷爷经营茶叶生意，在温州五马街有一大片他们家的房子。我爸爸是老幺，上面有两个哥哥、三个姐姐。他二哥赵瑞雯研究古典文学，擅长诗词，三姐赵璧也爱好文学，善于写字、画花卉。

父亲小学毕业免试保送十中（后为温州中学），初中、高中都在十中。他在中学里很活跃，和马骅等同学办"野火读书会"，阅读进步书刊，讨论时事。温州中学有很多名师，王季思、许笃仁、陈逸人、陈楚淮、夏翼天、叶云帆等先生，为父亲后来研究中外文学奠定了坚实的基础。高中毕业考入上海大夏大学中文系，次年又考入青岛的山东大学外文系，又次年，"七七事变"爆发，休学回到老家温州，参与"永嘉青年战时服务团"，积极开展抗日救亡运动，参与温州地下党工作。突然，不知道经过什么渠道，和几个同学又跑到长沙，进入长沙临时大学外文系继续求学。一九三八年年初，临大奉命西迁昆明，父亲经中国广州、香港和越南入滇，临大到昆明后改称为国立西南联合大学。

在西南联大，父亲见到曾在温州中学任教的朱自清先生，朱先生知道父亲来自温州中学，很高兴，并对父亲的诗歌给予很多鼓励。开始，文、法两学院暂设在蒙自市，父亲和爱好诗歌的同学们成立了"南湖诗社"，请朱自清、闻一多两位教授担任导师。回到昆明后，诗社更名为"高原文学社"，父亲和母亲杨静如（笔名杨苡）

就是在"高原文学社"时认识的。但他俩讲述的"认识版本"不同。父亲说是在一次文艺晚会上认识了母亲，母亲则说她第一次参加"高原文学社"会议，父亲是发言人，却迟到了，因此认识了这个人。

绿　茶：您母亲的传奇还在继续，真是让人高兴。你们母女感情特别好，经常看您写文章讲述她的故事。

赵　蘅：妈妈，一百零二岁了。这两年，媒体好像突然发现一座金矿似的，来我家采访的、拍视频的，应接不暇。妈妈从不回避"呼啸"二字是由她想出的，这是她这一生可以得意的事。我也相信，也只有妈妈才能有此气魄，她经历过战争风云、政治运动、家庭变故，有这么多的人和事，她才是呼啸而来的。

百岁的妈妈，大部分时间都宅在家里。她不习惯说场面话，认为自己并不是名人，连职称都没有，就喜欢在家给老友写信，还会花费大量时间和精力整理信件和旧照片。每天早晨她一觉醒来，精神特别好，东想西想，那些久远的事、久远的人，那些欲吐为快却没精力写出来的东西，都会伴着耳机里二十世纪三四十年代老歌的旋律流淌出来。

我很荣幸成了妈妈的文友。她爱和我讲她的创作计划，有时写出了一篇的开头，或是一首打油诗，还会在电话里念给我听，问我写得怎么样。她像个文学青年，渴望得到称道。

爸爸去世后，家里的那张书桌成了妈妈用的了。桌上变凌乱了，多了玩偶和孙子的照片。妈妈喜欢写信，也很会写信，一写就是长信。这些年我见过她列的要回信的名单，有一长串，北方的、南方的，足见她惦记的朋友很多。

妈妈隔不久就会叫我打电话问候她的老朋友。她明确说在北京她最惦记的有四个人：邵燕祥、袁鹰、姜德明、石湾。邵燕祥帮她存过旧诗稿，袁鹰在她无端挨批判时去南京看望过她，这些她都一直记得。石湾作为南京大学的学子，对我爸非常敬重，也常去看妈妈。如今，邵燕祥和石湾两位先生已经故去，让妈妈很难过。

我每年回南京四五趟，每次都会画几张妈妈。她会客聊天、看书、看报、看电视、吃饭、泡脚，我就像一只跟屁虫，追着她画几笔。

她一直在为离世做着各种准备，她从不讳言死亡，也从不失去盼望。她最喜欢引用《基督山伯爵》里的结尾："人类的全部智慧就包含在两个词当中：等候与盼望。"与沈从文、巴金的通信已经捐给了博物馆，大量的藏书要想好怎么送掉，房子最好也能捐出去（此时，赵蘅老师正在南京帮着妈妈处理捐房子事宜）。她不想留任何遗产，说杨家人有捐献传统，不在乎这些。妈妈说，杨家人都不容易被什么疾病吓得魂不附体，在任何突然来临的事故甚至劫难出现时，都能做到"猝然临之而不惊，无故加之而不怒"。或许正因为此，杨家三兄妹都长寿（杨宪益享年九十四岁，杨敏如享年一百零二岁）。

绿　茶：您爸爸妈妈都是翻译大家，您对他们的译作怎么看？

赵　蘅：我妈妈说他俩是志同道不合。我爸爸偏古典，妈妈比较现代。我爸爸喜欢弥尔顿，他翻译了弥尔顿的《欢乐颂》和《沉思颂》。我以前也没读过弥尔顿的作品，后来有一次出版社要出版我爸爸翻译的《沉思颂》，这是他去世前翻译的，但他自己没机会看到书出版。出版社希望我写个后记，我于是真正读了弥尔顿的作品，真好，难怪我爸爸为之着迷。

他们都是典型的学者型翻译家，我家里的书，他们都是从头到尾读完，对于师辈、同代人的著作熟知，尤其是西南联大的师友们的作品。我爸爸和穆旦是同班，我妈妈和许渊冲同班。西南联大外文系出了很多大翻译家，这跟他们在学校里奠定的扎实的中西方文学功底分不开，两本世界名著《红与黑》和《呼啸山庄》的译作诞生在我家，就不足为怪了。

绿　茶：您写了很多关于舅舅杨宪益的文章，还出版了《宪益舅舅的最后十年》《宪益舅舅百岁祭》等书，能谈谈宪益舅舅对您的影响吗？

赵　蘅：不能用三言两语说清舅舅对我一生的影响，也不可能在一篇文章里写尽我心中的舅舅。我写了两本关于舅舅的书了，也难以表达一个长辈对一个孩子灵魂的荡涤。

从我记事起，从没见过舅舅和我们小孩厉声过。十五岁时，我考上中央美术学院附中，每到周末，就住在舅舅家。一次，舅舅带我们几个孩子去东郊体育馆看世界乒乓球锦标赛，休场时，他发给每个孩子两片面包，中间夹着黄油。现在回想起来，那一定是舅母的特供食品。当时我正处在发育期，那样喷香解饿的食物，一辈子也忘不了！

在舅舅面前，我们做晚辈的会永远放松。他是唯一一位让我们不发怵的长辈。他说现在的年轻人缺少理想，不爱读书，这是我听过的唯一批评。近十年，我常发表东西，出了几本书，和舅舅近距离接触的机会也多起来。这让我感到在舅舅的眼里，我已从一个孩子上升到可以和他谈文学的阶段了。他经常督促和询问，说我应该给我爸爸写本传。

在舅舅和文学前辈那里，我才知道什么是朴素的语言，朴素才是最高的语言境界。舅舅住在友谊宾馆那会儿，一天我去看他，他应邀刚写完纪念钱锺书的文章，递给我看，这是我第一次接触舅舅的手稿。短短几页，我惊讶他写得这样直白，一点虚词也没有，真是有一说一，有二说二，绝不夸张、吹捧。但看得出来，他十分敬重和怀念这位当年的英伦同学、后来的老朋友。

舅舅平时说话同样简短而朴素，拒绝和接受都非常明确，又风趣又幽默，甚至有小小的讽刺含在其中。有时候，你没有一定文化，不细细体味，还听不出来呢。这样的人在任何时候，无论是顺境还是逆境，只说一种话——真话。不趋炎附势，不说阿谀奉承的话，难怪他这一生遭遇种种不测却依然坦坦荡荡呢！做自己不会后悔的事，不做不能原谅自己的事。这是舅舅的人生信条。

宪益舅舅不仅给了我父辈的爱，还给了我导师般的恩情。我总在想：爸爸走了，还有舅舅；舅舅走了，我还有谁？那是一种和失去父亲一样的痛。

绿　茶：您家书房里，可以说有一个家族的档案馆，如此多珍贵的文献，您打算如何安排？

赵　蘅：我家书房虽然不大，但档案真是很多很多。早年我们在南师大，"文革"时期工宣队来把我家的书都没收了，推走了好几车。"文革"后，又取回来了，基本上没丢。但我爸爸自己毁了不少，各种老照片、书信、自己朗诵的诗歌录音带、纪念册等，都烧掉了，他害怕。

我十五岁离开南京到中央美院附中读书，是三姐弟中比较早有独立生活能力的，我是家中老二，姐姐和弟弟都比较受宠，形成了我从小比较自律的性格。我又比较喜欢收藏和整理东西，所以我家现在的档案，主要是我在整理。

东德时期的东西，基本都在我家。南方容易发霉，于是一箱一箱地运到北京。我每次回南京，也都大包小包背回来些东西。关于《红与黑》的资料就满满一书架，还有我爸爸的手稿、译稿、书信，我爸爸的资料基本都在我这里。我请了一位同事的夫人，她在家带小孩有空，帮我做整理和录入工作。我舅舅的资料也很多。他的书、书信等，我在写舅舅的书时，收集了很多。我比较有心，看到跟我们家有关的书、信、资料、报刊等，都会有意收集整理。

我妈妈的资料基本都在南京，但她每次都会送我一些带回北京，这些年慢慢也存留了很多。如今，她在做离世的准备，很多资料该捐的捐，该分的分，房子也捐了，百年来那么多东西都要有个合理的去处才行。

我家书房就成家族的档案室了，爸爸、妈妈、舅舅，还包括我自己的大量书信、日记和画作。我感到压力很大，需要大量的时间和精力才能把这些资料整理出来，出版也好，捐赠也好。我自己还有那么多文稿要写，还要画画。没有太具体的安排，先全部录入电脑，再校对，做好基础工作。然后，每天多少做一点，慢慢梳理，再陆续整理出版。

（赵蘅　口述　　绿茶　撰写）

◆ 梁晓声书房 ◆

祝绿茶新书
早日出版！
——梁晓声
2021.3.16
家中

梁晓声老师说，他喜欢把书散落在不同屋子，并没有专门设立书房，这样在哪个屋都能随时拿书来读。此为客厅一角，写作时，小狗夜晚会跑来坐在身边或趴到腿上安静的陪着主人。

绿茶画于
二月和天

书房主人
梁晓声
—————

作家，北京语言大学中文系教授。著有《今夜有暴风雪》《雪城》《年轮》《中国社会各阶层分析》《人世间》《我和我的命》《父父子子》等。

梁晓声

写作是不断卸担子的过程

梁晓声先生一直是高产作家，作品从早期的知青题材《今夜有暴风雪》《雪城》《年轮》，到社会分析著作《中国社会各阶层分析》。二〇一九年，三卷本《人世间》获茅盾文学奖，今年改编成话剧上演。二〇二一年，新作《我和我的命》更是引起广泛关注。作家的持续创作力和创新力在梁晓声身上特别突显。

他经常参加六根饭局，每次都会带来新作请六根兄弟们评品。我也多次和梁晓声先生共同参加文学采风活动，一路上，基本都在听他讲述各种各样的故事和对各种各样社会事件的分析。他讲话慢条斯理，但这个节奏似乎是最合适的，哪怕在很多人的场合，他的慢条斯理也最吸引众人的视听。

在梁晓声先生家里，每个屋子都有书架，他喜欢随时随地能拿起书来读，尤其晚上，必须读书才能睡着，读书就像生物钟一样。我简单浏览他不同书架上的书，哲学、历史、法律、经济学，方方面面的书都有。他说自己看书很杂，除了文学书，什么书都看。在他看来，读书应该是跨界的，文学的书在阅读启蒙阶段及之后的大学阶段，可看的基本都看完了，所以现在应该广泛看文学之外的书，既是对写作的补充，也是对形成自己丰富看法和认识的基础。

梁晓声先生说他很少关注新书的反响，了结一本书就进入下一本书的创作。现在做的事情，都是收尾的工作，把心里还希望写的，写出来。等这些小愿望都写完后，该退场就退场。找个地方住着，不再涉及任何文学的事情。

如今，他和小狗皮皮生活在郊区一栋民宅里，读书、写作、遛狗，家人都住在城里，儿子儿媳要上班，孙子要上学。我的到来让小狗皮皮很是兴奋，一直围着我又叫又闻，慢慢熟悉后，它甚至坐在我腿上，听我们聊着天呼呼地睡着了。

而我们就这么一直聊着，聊了整整一上午。临走前，我在梁先生客厅一角速写一张。梁先生问："你画的这些书房将来要出书吗？"我说："是的，正在制作中。"梁先生留言："祝绿茶新书早日出版。"

绿　茶：您的阅读启蒙源自何时？对您有着什么样的影响？

梁晓声：我们这一代人成长的过程，跟一切文艺都很远。当时，如果哪位同学家有收音机，我们会傻乎乎地在人家窗前或门外扒着听。所幸，那个年代还有小人书铺，看一本小人书一分或两分钱。小学期间，我把周边的七八个小人书铺所有的书都看完了。这可以算是我的阅读启蒙了。

那个年代，大多数文学名著都改编成小人书了。还有电影版小人书，直接从电影上拓下来的。我记得当时看过一本《前面是急转弯》，讲的是莫斯科一个青年科学家，他是所有人眼中的科学娇子，大家都很崇拜他，都以他为荣，他也是最早有了车的人，每个周末从实验室回他的家和自己的爱人约会。有一天，回家的路上，下着雨，他发现地上躺着个人，显然是被车撞了，他下车看到那个人伸出带血的手向他求救时，他犹豫了，退回车里，绕了一个弯走了。当时没有手机拍照，也没有摄像头，没有第三者。

这件事在他心里留下很大的不安，但是很快就过去了，生活照旧。但是调查在进行，那个人没有死，他讲到有一辆车，曾经停下来过，有关方面了解后找到他了。这让大家非常惊讶，这么完美的一个人，居然见死不救。

人设全面崩塌。这本书对少年的我，影响特别深。

我对这种涉及伦理的故事，印象特别深刻，至今都清晰地记得。少年时候的阅读，对人的影响是根深蒂固的，是重要的底色。对我们那代人而言，幸运的是那个年代印成小人书的书，没有不好的。因此，可以无选择地开卷有益。

绿　茶：知青和"文革"年代，还有阅读生活吗？

梁晓声：知识青年多少都会偷偷带一些书到兵团，他们带来的书我基本上全读了，有一本书叫《黑面包干》，写卫国战争时期饥饿年代，革命者怎么省下黑面包干给孤儿院的孩子们，它给我留下很深的印象。

在"文革"期间，我还补上了另外一门课，看到一些原来绝对不能看的电影。那时候，各个单位的造反派可以打着批判的口号，从各个单位开介绍信，从省市的发行公司把这些电影拿到，有些甚至是民国时期的电影。比如，苏联的《驭虎记》，其实是一部喜剧片，我们要封这部电影的理由是，毛主席说"帝国主义和一切反动派都是纸老虎"。苏联这部电影想表达，我们可以和老虎共同相处，只要方法得当。后来我们看《少年派》，实际上就是《驭虎记》的翻版。又如，另一部《怒潮》，写秋收起义失败后，农民革命者转入地下的过程，我看到后非常受感动。

绿　茶：虽然经历那些年代，阅读生活没有间断真是幸运。

梁晓声：但真正的阅读，应该是在复旦大学读书的时候。我们中文系有两个专业，一个评论专业，一个创作专业。我们有两个阅览室，其他系的同学想看，都是通过我们借出来给他们。那是我读书最多的时候，废寝忘食，每天都待在图书馆里，看一切能看到的书。但即使在复旦大学中文系，当时也没有张爱玲、林语堂、沈从文和胡适等人的作品。我是在二十世纪八十年代，接受了一次国外记者访问之后，很尴尬，才找来林语堂的书读的。

绿　茶：大学的阅读经历，是让您走上文学之路的契机吧？

梁晓声：大学毕业分到北京电影制片厂之后，我看了一系列电影，这个对我影响很大。对于整个人类和文学和电影的关系，以及什么是好作品，什么是深刻，才有了最初的认识。这时候，我的短篇已经获过奖，身份上已经被认定是作家了。

那时候，我们每个星期去电影资料馆，从电影的源头看电影，从一分钟、两分钟、半个小时到三个小时的黑白电影这么一路看过来。电影伴随着西方现代主义的步伐，不同时期的电影都有表现。生活流的《老姑娘》，意识流的《八又二分之一》……这样看下来，现代主义为什么产生，这个影响是很大的。

绿　茶：哦，这段观影经历是不是对您后来的文学创作也有很大的影响？

梁晓声：是的，尤其让我深刻理解了什么叫深刻。电影中对于深刻的表现往往比小说更直接，更深入人心。有几部无声短片给我印象很深。

其中一部是《篱笆》，电影只有一分钟长。两户人家从外地搬来了，各自耕地建房，中间立了一个篱笆。某天晚上，甲户人家的男子总觉得这篱笆有点向自己这边斜了点，他就偷偷地移过去一些，一移肯定会矫枉过正。第二天，乙户人家发现了，晚上也偷偷移回去，更加矫枉过正。之后，双方就互相指责，肢体冲突，大打出手，全家死翘翘了。过了若干年，又来了新人。这个过程就从头再来一遍。

原先我们是作为搞笑片来看的。近两年我在思考，当下小说的深刻性到底在哪儿？究竟还有没有所谓的深刻？从而我认识到那部小片的深刻性。

还有一部叫《墙》。一群人，在迁徙过程中遭遇了一堵墙，有些人用身体去撞它，用头去撞它，维持秩序的士兵就要阻止，不服从的要抓起来。后来，人们就在墙角下安顿下来了。过了很多很多年，人们还是想知道墙的那一面是什么样子，于是大家商量齐心协力把墙推倒，几乎没费多大劲，墙被推出一个缺口。这个缺口，一个是岁月本身，另外一个是前人的历史。

我也觉得很深刻。

绿　茶：小说，或者其他文艺作品的深刻性不能和电影相比吗？

梁晓声：当然不是，不同文艺作品都在深刻性上有自己的表现。比如，戏剧《等待戈多》，我看的是高行健版本，说实话当时看不懂。如今，我再回想这个剧，有一天晚上我突然明白了。人类文明发展了几千年，大多东西都变了，但有些关键的因素始终没变，就像流浪汉脱下鞋子，抖了抖沙子。钱、权还在少数人手里。

又如，法国雕塑家罗丹，他大多数雕塑都很著名，但有一件雕塑很少有人关注，是一个小小的希腊神话中的"人马"。这个雕塑中，人的上半身向上努力地挣扎，扭动着腰部，伸张着手臂，脸上呈现痛苦的表情。我原来也不明白这是什么意思。

现在联系读过或看过的一系列深刻作品后理解了。人本来就是地球上最可怕的生物，全部的文明史进化，就是这样一个摆脱过程，文明的程度就是看有多少人真的双脚落地。还有多少人一直处在"人马状态"。

再联想诺贝尔奖作品《蝇王》。飞机失事，荒岛上的人分成两派，开始有领地，有领袖，势不两立。显然也是人马主题。电影《出租车司机》，也是讲人马状态。还有《第二十二条军规》《1984》，等等。

看完这些我们再来谈深刻，没有超出我们对深刻的理解。而我们现在很多作品还停留在对人性所谓深刻的探讨上，就显得很可笑了。

绿　茶：有了前人那么多深刻的作品，今天我们的文艺作品还能做什么呢？

梁晓声：在今天，一个写作者，想要用小说来证明自己多么有才华，在我看来是可笑的。如今的小说要意识到自己在社会中的位置和价值，很明显，如今的文学已经不可能像启蒙时期那样，像闪电一样给人留下深刻的印象。小说现在已经不需要承担那么大的使命了，回到它最初的样子，就是生活的一种需要。我依然觉得小说对我们今天的生活很有必要，可以延伸出电影、戏剧，可以把人类需要面对的一切问题，通过小说或影视化的形式呈现出来。但是这个作用，也没必要夸大。

写作这件事对我来说，是让退休的日子有事情可干，我把写作这件事当作泥人张，能有一门自己的营生。最终还是回到"人还是多读一些书好"，尤其到了晚年，你读过的书能让自己有事可干，还激发你写作，这日子就满满的了。

对于阅读，每个人都有自己的理解，就是我们说的"一千个人有一千个哈姆雷特"。比如，读《钢铁是怎样炼成的》，有一类少年，读了之后觉得保尔能那样对待冬妮娅，很爷们儿；有一类少年，如像我这样的，就觉得不公平，你凭什么这样对待爱你的姑娘。同样的一对恋人关系，不同的人就有不同的感受。

当这两类人中，都成为作家的时候，会形成不同的创作。

绿　茶：您的思想底色来自哪方面的影响？

梁晓声：还是早期阅读带来的，老俄罗斯加上欧美文学的影响更深。因为读他们的作品总是或深或浅地感受到人文的因素，也就是基本的人道主义的因素。这也几乎是他们作品中必不可少的因素。他们调动一切文艺的方式，对他们的下一代，润物细无声式地告诉他们，人应该是这样的。这种影响最初是配合宗教，后来取代了宗教。我们始终强调一种狭隘的所谓真实性，其实任何作品的真实性都是那一个作家眼里的真实性，都会打上个体的烙印。

绿　茶：您的新书《我和我的命》反响很大，您对这些反响有什么回应？

梁晓声：有些人给我反馈，说是不是过于戏剧化了，真实性有缺失。没有戏剧化就没有戏剧。小说的重要部分就得有这种戏剧化。如果一个人的一生很顺的话，他是幸运的。幸运的人不太关注不幸运的人，只有被打到的不幸运的一群，才会体会到这种落差。有些人可能承受不住，有的人挺过来了，那他的一生就构成了戏剧化。我的本意是想写一个人的成长过程中，人文教育的作用。

我不太知道，中国从什么时候开始又变成"万般皆下品，唯有文凭高"，我们对于成功的定义，要么官要么商。我们的励志方向就是推着成长中的年轻人朝这两条路上走。如果哪条路都没走，那你就是失败者。在国外不是这样的追求。国外的励志关注人的心性。比如，一次音乐汇演、一场球赛、一次远足，这些都是作为人的心性培养。

而我们全社会，实际上对于普通、平凡是很恐惧的，生怕自己落入平凡那一族。《我和我的命》里也谈到平凡。在一次手术过后，她说："我平凡，我包容，我善良，我成为我。"我在小说中，尽最大努力书写了对平凡的认识。人类社会百分之九十九点几几几的概率是从来不变的。

反观现在我们对平凡的价值判断，这是我写这部作品非常强烈地想表达的态度。

作为芸芸众生中的一员，如果能作为一个好人，也不枉人世间走一遭。国外作品中很注重这一点的描写。你看在《悲惨世界》中，拿破仑骑在马上，见到主教让他很好奇："你是谁？"主教说："我看着的是一位伟人，你看着的是一个好人。"

当我们真正去到生活中，你会发现一个好人在他生活的环境中，他所受到的信任和致敬，以及别人反馈给他的温度，立刻就能有所体会。这就构成了他人生享受的回报。

绿　茶：刚才进来时看您正在写新作品，这个作品可以透露一点吗？

梁晓声：我在写一个男孩，从大学期间开始到现在四十多岁，发生在他身上的爱情和生活。他爱的是一个菜农的女儿，双方都是独生子女。他们一起上大学，毕业后男孩从业了，而女孩要考研，考研之后女孩要去北京。男孩是生活在地级市一个文艺家庭里，父亲是美术家协会副主席，母亲是教师。之后，男孩因为爱女孩，跟着去北京，过着艰难的北漂生活，再之后，两个人一定会分开。这部作品写了快三分之一了。我想写的这个女孩，依然心有大目标。

我现在做的所有事情，都是收尾的工作，是准备退场的事。到目前为止，我心里还有愿望想写的，就把它写出来。这个写完，还有一两个小愿望，写完后，该退场就退场。人生到了现在，其实是不断地卸担子。人这一生，身上背的担子太多了，有些人是生活强加的，有些是自己给自己加的。我现在的写作，就是在做不断卸担子的事情。

就认认真真做这么一件活儿吧。

（梁晓声　口述　　绿茶　撰写）

◆ 朱永新书房·滴石斋 ◆

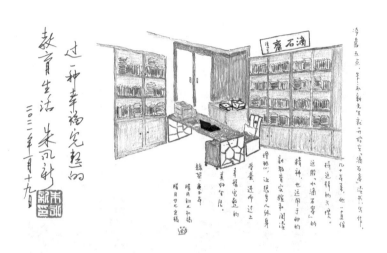

过一种幸福完整的教育生活 朱永新
二〇二二年一月十九日

净扁五点，朱永新先生就开始在滴石斋读书、写作。

已七十岁矣，他一直保持这胎水滴石穿的精神，也运用于他的新教育家庭本阅读理想，让很多人终身爱读、进而过上幸福宽裕的美好生活。

临摹·康又年 腊月初七和语 腊月廿七定稿

书房主人
朱永新

第十四届全国政协副主席，民进中央常务副主席。新教育实验发起人，中国教育三十人论坛和二十一世纪教育发展研究院共同发起人。著有"朱永新教育作品"（十六卷）、《我的教育理想》《我的阅读观》《致教师》《未来学校》《走向学习中心》等几十种著作。

朱永新

过一种幸福完整的教育生活

认识朱永新先生已经很多年了，大概是他发起"中国童书榜"时结缘的，我应邀参与评委工作，在"新阅读研究所"办公室，很多童书专家在一起，为首届"中国童书榜"精选年度好童书。"给最美丽的童年选最美好的童书"是童书榜的口号，也是评委们的评选准则。作为发起人，朱永新先生也参与了讨论。

此后交往频繁，朱永新先生也经常参加我们的六根饭局，并每次都会赠送他刚出版的新书。在一次六根饭局上获赠他的《未来学校》时，我就预约着造访他家书房。疫情一年多后，我终于在一个浅夜敲开了朱永新先生的家门。

进门后，我首先被客厅一墙整齐的书架吸引。朱永新先生介绍说，这一墙都是他写或编的书，并给我一一介绍。总量多少已经无法细数，仅外文版本就有二十八种语言。其中，人教社版十六卷"朱永新教育作品"更是该社唯一为在世教育家出版的文集，在教育界影响深远。此外，像《致教师》已发行近五十万册，《未来学校》也达到十五万册。

其中一列书架，从上到下插着整整齐齐的《滴石集》，这是他自一九七九年以来发表于报刊的文章合集，已经四十多年了，每年都结集。非常惊讶于朱永新先生这样的用心和坚持。从这一细节，便领会到这么多年朱永新先生在教育和阅读两个领域的孜孜耕耘，他笔端的勤勉、思想的沉稳，以及对事业的坚持不懈，那股"水滴石穿"的精神。

从担任全国政协委员的二〇〇三年起，围绕"阅读"问题，朱永新先生提出过四十多个提案与建议。有些提案已经落实，有些还在继续优化，不断补提。在他的书房里，活跃着不同主题的研究和创见，有些转化成提案，有些书写成著作。

"过一种幸福完整的教育生活"既是朱永新先生的教育理念，也是他日常生活的一部分。为此，他邀请很多书法家、画家、文化人题写这句话，也让赠书给他的作者在书扉页上题签这句话。看他从书架上拿下来一本又一本签有"过一种幸福完整的教育生活"的书，我感觉，在这样的书房里，真是一种"幸福完整的阅读生活"。

绿　茶：刚才看了您的著作陈列，惊叹于您的高产，您是怎么做
　　　　到的？

朱永新：这得益于我父亲，他是一名小学老师，一开始在家乡小
　　　　镇教书，后来到乡村小学担任校长。父亲是读师范的，
　　　　基本素质很好。大概从小学一年级开始，父亲每天早晨
　　　　五点半就会准时把我从床上拖起来，要我做一件我很讨
　　　　厌的事：习字。无论是酷热难熬的夏日，还是滴水成冰
　　　　的冬天，都要千篇一律地临摹柳公权帖。有心练字字未
　　　　练好，却养成了一个好习惯——早起。当人们还在梦中
　　　　酣睡时，我已经挑灯早读了。这是父亲留给我人生最大
　　　　的财富。早起的习惯保持至今，我现在每天五点左右起
　　　　床，开始读书、写作，每天就比别人多出两三个小时。

绿　茶：您书架上的《滴石集》委实壮观，每年都整理自己的作
　　　　品发表集吗？

朱永新：对，我的书房叫"滴石斋"，所以每年都会把发表的作
　　　　品整理成册，就叫《滴石集》，最早从一九七九年开始，
　　　　已经四十多年了。这个工作挺有意义的，让自己的写作
　　　　和发表很有条理，也促使自己始终保持这样的状态。这
　　　　是自己思想的延续，从中可以看出自己这么多年来的思
　　　　想和行为动态。当时做这个事情可能只是为了便于检索，

现在看来意义很大，但凡编书或者回顾自己的过往，很方便、很清晰。

绿　茶：“滴石斋”有什么说头吗？

朱永新：没有特别的，“水滴石穿”嘛，就是表达我的一种人生态度——坚持。我在苏州的家还有一个书房，“滴石斋”牌匾就在那个书房里。深圳的坪山图书馆，做了一些“大家书房”，给我也做了一个书房，我捐了一些书过去，把一个“滴石斋”的砖雕也捐过去了。老家大丰还建有一座乡村童书馆。常州一所小学和盐城一所大学也有一个我的书屋，都叫永新书屋，以收藏我的书为主。现在的书房，基本上根据当下的研究主题来摆放，还有两个书库用来放书。光签名本就有好几千本，都放在书库里。

绿　茶：我看到，您很多签名本上，作者都签有“过一种幸福完整的教育生活”，这是行为艺术吗？

朱永新：“过一种幸福完整的教育生活”是我们新教育的宗旨，也是教育最根本的目标，教育第一要让人幸福，幸福同样是人生的最终目的。我们现在的教育太功利化，考上北大、清华这样的名校，不一定就能获得幸福，将来毕业找到好的工作或有好的收入，也不一定能幸福。幸福是一种能力，应该在教育过程中培养这种能力，让每个学生能享受到教育的乐趣。整个教育过程是幸福的，未来才能具备享受幸福的能力。

现在的教育，把所有的一切都想象成是为未来的幸福做准备，其实教育不是一个准备的过程，而应该讲求教育本身就是幸福的。教育就是要培养一个完整的人，而不是培养一个片面或者异己的人。现在教育总是在补短，不断地补短就是不断摧毁人自信的过程，教育应该是培养人的自信，教育应该不断地让人去寻找自己身上突出的基因和密码，是一个扬长的过程，而不是补短的过程。

这句话的内涵是非常丰富的。所以，这些年，我邀请了很多书法家、画家以及各界名家，给我题写了"过一种幸福完整的教育生活"，这批书法、绘画作品有一百四十幅，包括吴为山、言恭达、孙晓云、杨明义等书画大家。我曾在老家大丰做了一场展览，现在这批书画集已由商务印书馆出版。同时，不同作者赠我签名本时，也都让他们签下这句话，签有这句话的签名本已经有好几十本，王蒙、莫言、贾平凹、格非、李洱等，未来也会结集或展览。我试图通过这种形式彰显"过一种幸福完整的教育生活"的教育理念，让全社会都能从教育中走向幸福生活的最终目标，也通过这些书画家和文化名人，来传播新教育"过一种幸福完整的教育生活"的理念。

绿　茶：您是国家全民阅读形象代言人，多年来在阅读推广之路上披荆斩棘，提交了很多提案，推动了很多阅读实践的落地，能谈谈您个人的阅读史吗？

朱永新：我的童年和少年基本是图书稀缺的时代。记不清从几岁开始，我突然迷上了读书，而且与许多喜欢连环画的小伙伴不同，迷上的是厚厚的大书。那时候，乡村文化站的书架上只有孤零零的几十本书，早已不能满足我的胃口。当时我母亲在镇上的招待所工作，我们全家住在招待所，于是我向住在招待所的过往客人借书读。

真正的阅读是从大学开始。一九七八年，我从苏北小镇来到了苏州，成为江苏师范学院（后来的苏州大学）政史系的一名大学生。第一年的时候，看得最多的是《中国历代诗歌选》，从《诗经》《陆游诗选》读到《龚自珍诗选》，再看普希金、雪莱、泰戈尔的书，也尝试背诵了一些古代诗词与现代诗歌。第二年，我开始比较自觉地阅读了。为了准备成为一名优秀的中学老师，基本读完了学校图书馆收藏的所有教育学、心理学书籍。而人文、历史类书籍也是大学时期主要的精神食粮，尤其是名人传记，《林肯传》《拿破仑传》《罗斯福传》《居里夫人传》

《马克思传》《海伦·凯勒传》……从每一个伟大人物身上汲取精神的力量，成了为自己充电的必修课。后来，我又读完了学校图书馆里所有的诺贝尔奖获得者的传记。

绿　茶：你们那一代大学生的确是阅读饥渴的一代，除了自主的阅读习惯，还受了什么人的影响吗？

朱永新：我的同桌刘晓东是一名高干子弟，他喜欢读书，经常逃课泡图书馆。他告诉我，读书比听课效率高，而且收获大。我不敢逃课，但是经常读他借来的书，从福泽谕吉的《文明论概略》到《第三帝国的兴亡》；从《国富论》到《光荣与梦想》，从卢梭的《爱弥儿》到黑格尔的《精神现象学》。后来自己去图书馆借书，几乎两三天换一批书，与图书馆的老师们混得很熟，经常多借几本回去。那是我一生中最充实、最幸福的阅读时光。刘晓东同学对我阅读兴趣的影响，是至为关键的。他让我从对课堂学习的关注，对分数考试的兴趣，转移到浩瀚无边的书籍中。

一九八〇年上半年，学校急需补充教育心理学教师，决定在大三学生中选拔五人去上海师范大学教育心理学研修班深造。我幸运地成为其中一员。同年九月，在新的大学，我又交到了新的朋友，其中袁振国是最特殊的一位。

袁振国比我小一岁，中文系出身，那优美的文笔让我们羡慕不已。那时，我们可以说是无所畏惧，豪气满怀。我们疯狂地读书，疯狂地写作。我们以两个人的名义在《中国青年报》和《南京日报》等报刊开设了专栏，我们在《心理学探新》《苏州大学学报》等刊物联合发表论文，我们的第一本书《心理世界窥探》也由江苏科学技术出版社正式出版。当时我们还都是二十多岁的年轻人。袁振国后来先后担任教育部社会科学司与师范教育司的副司长、中国教育科学研究院院长。我们共同发起了中国教育三十人论坛，为中国教育改革与发展建言谋策。

刘晓东和袁振国，一个从阅读方面，另一个从写作方面，对我有重大的影响。

除了同学，我的人生中还有许多重要的老师。尤其是在上海的两年，给我们开课的都是大师级的教授，特别是上海师范大学的燕国材教授，把我带进了中国心理学历史的领域。那两年，我比较系统地阅读了从《尚书》《周易》《论语》《孟子》《春秋繁露》《论衡》《韩愈集》《柳宗元集》，到《二程集》《张载集》《陆九渊集》《朱子语类》《四书集注》《陈亮集》《叶适集》《王船山全书》《戴震集》等中国古代经典，为我一九九〇年完成八十万字的《中华教育思想研究——从远古到当代中国教育科学的成就与贡献》一书奠定了基础。

虽然每一位老师有不同的研究领域、不同的处世风格，但从他们身上，我能够呼吸到崇高，感受到慈爱，体验到责任；我也学会了怎么去做老师，去影响自己的学生。燕国材教授、同济大学沈荣芳教授和复旦大学苏东水教授，这三位是我处于不同学习阶段的老师，从做学问到做人，都给我非常深刻的影响。

绿　茶：生命中的良师益友的确可遇不可求，而读到什么好书却是自己可求的，能分享一些对您影响大的书吗？

朱永新：最好的阅读，当然是活学活用。因此，对于我来说，最好的书，就是那些曾经深刻影响到我的思想和行为的书。除了教育著作、心理学著作，还有文学名著、社科经典、名人传记等，实在太多了，我精选三本来说一说。

第一本叫《产生奇迹的行动哲学》。
这是一本点燃我生命的理想与激情的书。我还很清楚地记得这本书的封面红黄相间，中间是一个大大的金色拳头。我买这本书时花了九角七分。这本书讲的是日本医学改革家德田虎雄的故事。书中有一个细节我记得很清楚：他每天早晨照镜子，就想象着镜子里的"我"不是今天的"我"，而是成为医生的"我"，是一个成为早稻田大学医学院学生的"我"，是一个成为医学改革家的"我"。他以此不断地激励自己，不断地用未来、用理想去激励自己。

那时的我也很年轻，当时这本书告诉我理想是人生最重要的一盏明灯，人是被理想牵引着走的，如果没有理想，一定是走不远的。这本书很薄很小，不是什么了不起的名著，但的确对我产生了一生的影响。后来，我能够做一点事情，能够有这样一点抱负，能够把新教育实验作为我一生的追求，可能与这本书对我的影响有关。

第二本是《管理大师德鲁克》。

这本书帮助我用行动的精神走进教育生活。一九九七年年底，我从苏州大学调到苏州市人民政府担任副市长，开始涉猎一些管理学著作。这本书里面有一个故事令我印象深刻，说的是：一九五〇年的元旦，德鲁克去看望老师熊彼特，熊彼特对自己的学生说："我现在已经到了这样的年龄了，知道仅仅靠自己的书和理论而流芳百世是不够的，除非你能够改变人们的生活，否则就没有什么重大的意义。"这不仅是一个管理大师的忠告，更是一位老师对自己最得意的门生的嘱咐，是在他行将就木之前给自己学生讲的肺腑之言。一周后，熊彼特去世。

德鲁克把老师的这句话作为衡量自己一生成就的基本标准，他不再以发表作品和写作本身作为自己的人生目标。

熊彼特这句话，也是直接导致我发起新教育实验的重要精神来源，它使我下决心走进教室，走进教师的生活。二〇〇〇年，我写了一本《我的教育理想》，可以说就是在德鲁克这本书的感召下写出来的。

第三本是《如何改变世界》。

这本书激励我有勇气去努力改变教育生活。作者是大卫·波因斯坦，书中提到一个很重要的概念——社会企业家。过去我们只知道企业家是以赚钱、以资本运作和追求利润为主要目标。但社会企业家不是这样，社会企业家是被理想驱动、有创造力的个体，他们试图改变现状，拒绝放弃，最终要重新创造一个更美好的世界。所以，当时读了这本书以后，我意识到，这就是我们在做的事业。新教育就是从改变一个老师，改变一间教室，到改变几个孩子开始的。这么多年来也的确如此，新教育实验在悄悄地影响着很多区域的教学事业。

读完这本书，我写了一篇关于新教育的文章，叫《我们也可以改变世界》。所以，这种悄悄的改变，只要你做了，它就会出现。用我们新教育人的话来说叫"行动就有收获，坚持才有奇迹"。

绿　茶：谢谢朱永新先生，相信在您的大胆创新和不懈努力下，一切奇迹都会发生，也希望我们每个人都能过上一种幸福完整的教育生活。

朱永新：谢谢绿茶。

（朱永新　口述　　绿茶　撰写）

◆ 止庵书房 ◆

书房主人

止庵

作家，周作人、张爱玲研究者。著有《惜别》《周作人传》《神拳考》《樗下随笔》《画见》《云集》《茶店说书》《受命》等。

止庵

读书，脑子里得有一张地图

和止庵先生有很多交集，尤其因年度各种好书榜评选，我们更是频繁见面。对于他的阅读观和好书理念，我有着深切的认同，在评选不同榜单好书时，我们也总有着高度的共识。记得有一年，在深圳评好书，主办方表示有一本书建议大家慎重，而止庵先生正好是这本书的主推评委，他秉持专业评委的立场，用他专业而生动的推荐，打动了更多评委，最终这本书几乎全票当选成为年度好书。

在对待好书的态度上，止庵先生一直有自己鲜明的主张，不管别人怎么说，他总能讲出有别于他人的道理。用他的话说就是："读书这事没法取巧。一是老老实实读书；二是把那些无用的干扰去掉。"

止庵先生认为，最理想的读书人应该做一名杂家，但其中有些小领域可以做到专业。比如，庄子、张爱玲、周作人、日本文学、西方文学等方面，止庵都有着广泛而深入的研究，并编著有相关专业作品。他说自己喜欢做一个没有用的专家。

早闻止庵先生书房之壮观，疫情期间曾索来照片画了一幅速写，在我所有画过的书房速写里，止庵先生的书房是最整洁、最清爽的，这符合大家对止庵先生对书籍之洁癖的共识。我在画他的书房时，也尽量不多加废笔，简单的线条，清晰的书架，并且第一次尝试不上色。

亲睹书房，对自己的拙笔深感惭愧。止庵先生的书房远比我的小画精彩百倍，不能显现书房之美实乃水平有限。在和止庵先生对话中，不时瞄向书房各个角落，书架上清晰的分类，整齐的摆放，以及各种小物件的点缀，真是我心中最理想书房的样子。

最近，止庵先生新小说《受命》出版，广受好评。我受命为其小说画一幅插图。这幅小画是我所有画中最用心、费时最长的一幅。正如止庵先生所说，"读书的速度和写书的速度有一种微妙的关系"。是不是认真写了，一读就知道。相信读止庵先生的小说《受命》的读者，如果看到这幅小画，我是不是认真画了，您应该也看出来了吧。

绿　茶：看过很多关于您家书房的报道，今天终于造访，您的书房是如何成长为现在这个样子的？

止　庵：一九九七年搬到望京这儿住，已经二十多年了。除了《樗下随笔》《樗下读庄》和《如面谈》这三本最早的作品是在城里写的，之后的二十多本书都是在这间书房写的。我写东西有一习惯，上午必须写出一头来，哪怕一句话都行，下午接着写。如果上午没开头，下午就写不了啦。晚上从来不写东西，就是看看碟，看看书。

我的书房格局大致是这样：一大块是中国古典文学和学术，另一块为现代文学，不收当代文学。还有一些二十世纪八十年代买的新印线装书，再就是西方文学和学术方面的，主要有法国、英国、德国、美国、日本、拉美的。此外是电影、艺术、诗歌和传记，社科书都放在一起没做分类。还有不少这些年在日本买的作家签名本。

绿　茶：您的书房格局里，不同类型的比例和您个人的趣向是怎么分配的？

止　庵：我主要的兴趣，首先是在文学上，其次是历史，中国古典下功夫比较大。一个人得有个东西打底子，我的底子，一是中国先秦的哲学，二是中国古典诗词。读书，必须有个底座，其他的阅读才能在这个底座上生长。我曾经一点点把先秦的书都过了一遍，其实没有多大量，就是诸子加上史部的《春秋》《左传》《国语》《战国策》等，再加上经部。我就把这个事情做了，然后写了《樗下随笔》和《樗下读庄》，还有一本关于《论语》的书，在电脑里放着，写了好几十万字了，但一直没想好形式，也就一直没有拿出来出版。接下来很长时间，可以慢慢来写这个。另外，我还有一个想法，准备把宋词一家家读下来，再看看以什么形式再写一本。

绿　茶：关于阅读，您谈过很多，还专门写有著作，您的基本态度和主张是什么？

止　庵：这要从个人经验谈起。小时候，一九六六年左右，家里来了两三拨红卫兵，把我们家的书全抄走了。我们家对门是翻译家曹靖华，他家的书也全被抄走了。这事对我影响特别大，从有书到无书，就留下了很深的阅读饥渴。没书读的结果是，读了很多不适龄的书，要不就是读早了，要不就是读晚了。那时候没的选，有什么书都读。

我主张，人在年轻的时候，应该多读分量重的书，因为等老了想再读这些重的书，读不动了。有的人，喜欢买书，把书房填得满满的，说等我退休了读，但等退休了，就读不动了。我的人生哲学是赶前不赶后，什么事往后放，基本上就瞎了。

读书就跟在银行存钱一样，是保底的，知识这个东西，一定得有些是没用的。现在很多人学多少用多少，有时甚至用的比学的还多，我一直主张生活中得储存一些没用的东西。其实，阅读观就是人生态度问题。

我只读书，不藏书。有一次，我跟谢其章说，我要是早年开始藏书，现在早发了。

人只能精一项，精力是有限的。大多数藏书家，都不能算是读书家，因为他的精力都用于藏书了。但藏书是值得说的事，读书却是不太值得说的事。读书是自己的事，没法炫耀，但藏书可以，收到好的古籍善本是可以拿来炫耀的。

绿　茶："文革"以及之后，我们总说无书可读，但那一代人读的书，可能比现在的人读的书要多得多。

止　庵：没错。现在一个家长领着孩子去书店，可以把孩子一生要读的书都买到，但他就是一本都不买。二十世纪七十年代时，书店卖书的速度赶不上我阅读的速度。我们那一代人的阅读饥渴感可想而知。现代人也没有这样的饥渴感了。

我一直认为，阅读是一种能力。这种能力最好是小时候养成，而我的养成是因为小时候不给我这东西，这种渴望从小时候开始保持到现在。见到有字的东西，不管什么先读了再说。我很多朋友，原来读书的现在不读书了，还没有听说谁原来不读书现在读书。这种能力并没有高下之分，但有没有就存在很大差别。

书房就是一个读书按钮。所有买的书，我都有读它的可能性，所以才会买。别人送我书，我也要判断有读它的可能性，才会留。我的确有个很清楚的界限。书房对很多人来讲，是提供了阅读的可能性，而不是阅读的条件。我们过去读书，在公共汽车、办公室、餐厅等，在哪儿都能读，不一定非要在书房。

绿　茶：每次参加好书评选，您在解读和讲述一本书时，话术总是特别打动人，您是怎么做到的？

止　庵：第一点，肯定是读过。尤其是批评的时候，一定要认真读过。第二点，自己得有一个切入点，不管别人怎么讨论，就是要有自己和这本书的特殊关系。尤其不要信那些所谓名家推荐、序言之类的，也不要听信那些所谓公认的权威。严格来说，读书这事没法取巧。一是老老实实读书，二是把那些无用的干扰去掉。

咱们的生活中有太多不自由，什么都有人管，唯有读书这事没人管，是最难得的体现自由的方式，喜欢和不喜欢都是自己说了算，完全可以站在自己的角度来看待。

我这些思想是从庄子那儿来的。庄子说，"去成心"，就是要去掉固有的说法。

我们还是要读很多很多书，包括不好的书，才能判断哪本好哪本不好。你要是说，我只读好书，但最后也可能营养不良。读书不可能一步到位。

读书的速度和写书的速度有一种微妙的关系。作者如果是认真地、慢慢地写出来的书，你就必须慢慢地、认真地读；如果作者是敷衍了事写出来的，你读的时候也认真不了。这种微妙关系，一读就知道。

绿　茶：您的领域很宽，而且似乎很容易成为某方面的专家，这又是一种什么样的本领？

止　庵：我喜欢做一个没有用的专家。举个例子，我最近在看日本女演员尾野真千子的电影，已经看了两个月，还得再看一个月，我把能找到的她的电影都看一遍。我敢说，日本人都没我看得这么全的。这样，我就成为尾野真千子专家了，由这个演员入手，我就进了日剧这个门了。你说我看这么多她的电影有什么用？我甚至不一定要写一篇尾野真千子的文章，但我愿意成为这个小领域的内行。

对于读书也是这样，我不喜欢只是涉猎。我要弄一个东西，就喜欢直接弄透了，然后再弄第二个。胡适当年讲过一个事，对我影响很大。他说，他有一次在台湾碰见一个卖烧饼的人，跟他深入地探讨国际政治，他就觉得特别奇怪。我就想当那个卖烧饼的人。

读书这事，脑子里得有一张地图，最好对一个门类有一个地图感。比如，说唐诗宋词或历代散文，你突然说一个人，你得知道他在什么位置，他周围是谁，前后是什么关系。但有些东西我拒绝涉猎，比如当代文学，我从来不参加当代文学的活动。其一是，多是朋友，没法说话；其二是，确实地图感不强，无从得知彼此之间的关系。

外国文学里的小说，我基本上有自己的地图，你随便提一个作家，我大概知道他在什么位置上。还有现代绘画，随便提一个画家，大概也能知道他在什么位置上。这两块有比较清晰的地图。至于电影，大师一级差不多可以，再往下就很难清晰了。但我如果想弄清楚一个导演或一个演员，我就把他的东西都看一遍，大致就清晰了。

我觉得读书最理想的状态是做一名杂家，但其中有些小领域可以做到专业。

绿　茶：这几年，您又开始写小说，这是否又是您的一项"专"业写作啊？新作《受命》出版以来口碑甚好。最后，来谈谈您的新作吧。

止　庵：这个小说源起于一九八八年，当时我就写了一些笔记和故事梗概，人物小传等也都准备好了，还有一些内容片段。一九八九年到外企上班了，特别忙，就把这个小说放下了。二〇一六年，我出了一本短篇小说集《喜剧作家》，翻早年笔记的时候，我把这个提纲又翻出来了。于是觉得可以重新写出来，但小说中古代和现代的两条线索怎么交集，一直没想好。突然有一天想明白了。冰锋的父亲在《史记·伍子胥列传》上留下的那道指甲印，让我把古代和现代勾连起来了。

之后，我又做了几个工作。一是写了一年的植物日记；二是买了很多二十世纪八十年代北京的地图；三是买了很多北京地名志；四是去首都图书馆看了小说中涉及的年份前后四年左右的北京报纸，如《北京晚报》《北京日报》《精品购物指南》等，我关注当时报纸上的生活信息：穿什么衣服？看什么电影？去哪儿吃饭？等等。还有，我一直买不同版本的北京话词典，一直留意北京话的演变。我以前写文章不太涉及生活，这本小说，让我第一次大量采纳二十世纪八十年代的生活场景。

我去城里把我小说中涉及的地方都走了一遍，绝大多数都已经面目全非了。比如，长安街上的花墙，二〇〇九年检阅时才拆的。我一直特别喜欢这段路。所以小说中，冰锋和叶生有一段很长的散步和谈话，就放在这儿。这段花墙是袁世凯那会儿盖的，也没多久。我在电脑里做了一个很大的档案，把这些用到的东西全搁里头，用到什么就调出来查。

绿　茶：主人公冰锋有您自己生活的影子吗？

止　庵：这个小说，主人公得在医院工作，跟情结有关。我本来可以写别的科，但牙科我比较熟，与其去写一个不熟的科室，还是写我自己最熟悉的为好。让主人公是牙医，就是为了写起来方便。写这本小说时，我已经不在医院，而在鼓楼那边的报社上班。所以，我对鼓楼那边比较熟悉，小说中很多场景都发生在那片地区。

绿　茶：受命为您的小说画插图，一口气读完小说，其中有两点小疑问需请教。一、小说以《史记·伍子胥列传》带动情节发展，实在精妙。然而对于不熟悉《史记》的读者，是否能理解冰锋这一行为的合理性？二、叶生和冰锋在花墙下有很长一段散步和谈话。感觉和前面叶生讲话的语气，以及她和冰锋在一起的互动模式，很不一样，像是换了一个人。

止　庵：其一，我本来想直接写一个伍子胥的故事，后来发现自己没有这个能力。于是就想编一个现代的，和伍子胥对应的故事。我年轻时经历过那个年代的很多事，素材是足够的。关于这个古代和现代之间的勾连我一直没有想好，终于有一天突然想清楚了，就很顺了。我并没有太多涉及伍子胥的故事，熟不熟悉《史记》，应该不会影响阅读。其二，实际上那时叶生已经发现了冰锋的计划（见前一章），所以说的都是有特别寓意的话，但还期待"晓之以理"（下一章是"动之以情"）。

（止庵　口述　　绿茶　撰写）

◆ 刘苏里书房 ◆

一直梦寐创办万圣书园的刘苏里先生，他的书房，读是多么壮观的面镜。正如想像，家里客厅各房间满满着是书，书们只能坐在厨房小书桌边聊天。聊读书、聊书房、聊爱书人聊的话题。

书房主人

刘苏里

万圣书园创办人。"亚洲图书奖"决选委员。出版访谈录《1+12：通向常识的道路》（2015），主编《思想照亮旅程》（上下卷，2022），《万圣读书笔记》即将出版。

刘苏里

我只是奋力读书而已

万圣书园在我的阅读史和成长史中，有很特殊的位置。大学时期，我每天从未名湖博雅塔边的小路走过，出小东门往北，看到戳着"万圣小鬼"路牌的，就是成府街，其实是一条小胡同。先路过一间小书店蓝羊书坊，我和老板熟，经常进去坐坐，聊天，同时看看店里的打口带；然后路过"雕刻时光"，这家咖啡馆对我也有特殊意义，那些年在这里看了无数电影大师的作品。

万圣书园店堂不大，却有着读书人羡慕不已的书籍容量。穷学生买不起，经常在书店一站就是一下午，几乎翻遍了书架上每一本书，晚上躺在宿舍里，脑子里像放电影一样扫过一本本书。后来我兼职做了风入松书店的一名小店员，更经常性地去万圣书园学习选书、陈列。我的大学生活，和这两家书店有着再密切不过的关系，尽管那时我并不认识刘苏里老师。等到认识苏里老师后谈起这段经历，苏里老师颇为惊讶，我可谓苏里老师的"选书弟子"，偷偷学习了很多年。

后来做书评媒体，自然要不时向业界大咖请教。再后来每到年底，都会在好几个好书榜评选场合和苏里老师碰面，尤其是深圳读书月十大好书评选，他是评审团的一面大旗，很多并不热门但学术价值很高的书，就是在刘苏里老师的精彩陈述和力挽狂澜之下，最后突围获选十大好书，比如李零、沈志华、杨奎松等学者的书。他和止庵、陈子善等评委的精彩辩论也是评选现场的亮点之一。

刘苏里老师一九七九年上大学，可以说，他的阅读史是改革开放四十年的中国人阅读史的范本之一。一九九三年他以实际行动参与了中国人阅读史，创办了以学术书籍为主的万圣书园。三十年来，它成了北京最重要的书店地标，也是每个爱书人心中最不可或缺的精神圣地。

如今，我住在离万圣书园不远的地方，每周都徒步去万圣看书、买书，不时会听到刘苏里老师在书店里的"醒客咖啡"和朋友聊天或接受采访。在疫情最严重的时刻，我来到刘苏里老师家，和他在厨房餐桌上聊了一上午（因为他家其他地方都被书占满了），我们不聊书店，不聊政治，只聊读书和书房，这大概是两个爱书人最舒服的聊天主题。

绿　茶：苏里老师，还是想听您讲讲私人阅读史。

刘苏里：我一九七九年上大学，在此之前住在黑龙江一个边疆小镇，虎林县，那里几乎没书可读，但还是有几本记忆颇深的，比如《尼伯龙根之歌》《多雪的冬天》，当然还有彼时的时髦小说，《金光大道》什么的。我系统性阅读是从一九七九年上了大学之后开始的。最早对我影响很大的书是卢梭的《忏悔录》，这本书给我的震动是，一个人可以这么诚实地对待自己的经历。那时逃课，躲在图书馆一个偏僻的开架阅览室，席地读了不知多少本书，日本人木村久一的《早期教育与天才》，福赛斯的《豺狼的日子》……都是在那里读完的。一九八二年前后，知识界风靡顾准的《希腊城邦制度》和王亚南的《中国官僚政治研究》，它们也给了我很大的影响。前者让我知道雅典的民主，后者让我认识到我们的政治—社会特征。从那时起，我开始关心和思考中国的民主道路，也确认了自己的阅读领域，紧扣政治、社会、历史、文化，几十年过去了，我的阅读口味始终没变。我大学读的是国际政治系，专业叫国际共运史——仔细咂摸这五个字，挺有意思，它是国际的，主体涉及共产主义运动，在中国便是中共党史，又是历史的。这五个字很大程度决定了我的阅读兴趣，四十多年来，国际政治、国际关系，也叫世界政治，世界共产主义运动，所有国别史，以及相关领域的传记和回忆录，我都保持浓厚兴趣。我的大部分阅读是跟着问题走的，这些问题里，有比较公共的问题，也有个人偏好。

绿　茶：您的私人阅读史，是不是对后来万圣书园学术书店的定位有一定影响？

刘苏里：我的私人阅读和购书，主要是非公共领域的，完全跟个人兴趣有关。但是做书店，就不得不面对公共阅读的层面，当然，这里也会有我私人阅读的选书品味在里头。书店选书，对我而言是一种职业性阅读，翻阅式的，一本书两三个小时解决问题，至少做到"知其然"，不算真正的阅读。

这几十年，中国人的私人阅读史离不开公共阅读的影响，不同时期都有对私人层面影响深远的公共阅读书籍。回顾二十世纪八十年代公共阅读史，不得不提李泽厚的影响，他的"思想史三论"（《中国古代思想史论》《中国近代思想史论》《中国现代思想史论》）和"美学三书"（《美的历程》《华夏美学》《美学四讲》）几乎影响了整个中国知识界，还有何博传的《山坳上的中国》，金观涛、刘青峰的《兴盛与危机》，以及影响极大的夏伊勒的《第三帝国的兴亡》等。

对个人而言，我喜欢上面提到的木村久一、福赛斯、卢梭的作品。比如卢梭，我读了他几本能找到的书。八卦一下《豺狼的日子》这本书。它是一本描写职业杀手刺杀戴高乐的纪实作品。我对杀手最后因戴高乐低头而射偏，有着巨大同情，但更对戴高乐的幸运表示欢呼，从此喜欢上戴高乐。他几乎单枪匹马在伦敦领导法国抵抗组织的英雄举动，我着迷于他类似使性子般与雄狮一样的丘吉尔周旋，玩猫捉老鼠游戏，从不妥协让步的姿态。之后我读了几乎所有关于戴高乐的书，他本人的《战争回忆录》《希望回忆录》、他女儿写的《我的父亲戴高乐》、克罗泽的《戴高乐传》，还有科耶夫写给戴高乐的《法国国是纲要》等。后来新星社知道我喜欢《豺狼的日子》，再版时还给我寄了一本。

但是你发现没有，现在公共阅读似乎已经很少了。是没有这样的书了吗，还是兴趣分散了？

二十世纪九十年代，人们热衷于阅读陆键东的《陈寅恪的最后20年》。这本书对知识阶层影响很大，也是"人文精神大讨论"中决战一方的"炮弹"。

绿　茶：那我可不可以理解为，您的阅读是偏西化的？

刘苏里：可以这么说，也并不完全。上了大学后，我们是饥渴式阅读，凡是带字儿的都看。没人点拨，看书不挑，生冷不忌。但是在八九十年代，的确是西方引进的著作有着更大的吸引力。我看过一本类似年鉴的书，记载了一九七八年五月，国家出版局组织重印三十五种中外文学名著，一次性投放市场一千五百万册，瞬间售罄。北京各主要新华书店门市同时发售《哈姆雷特》《希腊神话和传说》《一千零一夜》《家》等作品，哄抢之势现在无法想象，毕竟与世界隔绝了三十年，"破四旧"破得莎士比亚、巴尔扎克都不能读。

对政治的系统反思，最早跟阅读苏联史、三十年代"大清洗"、饥饿、流放等作品有关，那时读布哈林、托洛茨基，似懂非懂，直到读索尔仁尼琴的《古拉格群岛》、奥威尔的《1984》、罗伊·梅德韦杰夫的《让历史来审判》，以及东欧一批作家，像科尔奈、奥塔·锡克、德热拉斯、卡德尔……苏东国家的面貌才立体呈现出来，加上面世的中国党史书籍越来越多，一下子打开了我们认知的闸门。这些书大多是"内部发行"，我和同学每周跑王府井内部书店和西绒线胡同甲7号。买书回来的路上，到宿舍，跟同学面红耳赤的争论场面，还历历在目。

一九八三年《第三次浪潮》出版，打开了一扇窗户，我开始关注科技革命对人类的影响，也丰富了对现代化与全球化的认识，热闹而迷人。晚一点出版的还有尼葛洛庞帝的《数字化生存》、卡斯特的"信息时代三部曲"等。但就对现代化的兴趣，布莱克（《日本和俄国的现代化》）、英格尔斯（《人的现代化》）、罗兹曼（《中国的现代化》）、罗荣渠（《现代化新论》）等书对我影响更大。一九八四年，我研究生开题报告，选的是"后发国家的现代化"，题目大得吓人，根本做不下去，但后发国家现代化道路、变革转型研究，一直是我密切关注的领域，从未间断。

尽管读西书是主流，但古典作品也时常涉猎。大学期间，有三本书颇有印象：冯其庸领衔编的《历代文选》、杨伯峻的《论语译注》和曹础基的《庄子浅注》。文选百十篇，几乎能全部背诵。杨注《论语》，读过许多遍。最喜欢《庄子浅注》。"北冥有鱼，其名为鲲。鲲之大，不知其几千里也；化而为鸟，其名为鹏。鹏之背，不知其几千里也；怒而飞，其翼若垂天之云……"何等的想象力，当时能整段整篇地背下来。

较多接触古典文献，是一九八九年以后的事。王国维、柳诒徵、李零是我的引路老师。李零的书读得最多，从

《中国方术考》《续考》到《简帛古书与学术源流》，年年读他的新著，从《兵以诈立：我读〈孙子〉》到《丧家狗：我读〈论语〉》，一直没有间断。从古典文献到考古学著作的阅读，要归功苏秉琦、张光直，还有我忘了名字的一位姓陈的前辈。从《神祇·坟墓·学者》《华人·龙的传人·中国人》《中国文明起源新探》一路读下来，让我对考古大感兴趣。之后人就多了，李济、李学勤、夏鼐、宿白、许宏……

绿　茶：您的书房是如何成长为今天的样子的？

刘苏里：书房是我和焕萍共同建设的，她也有大量收集，文学、艺术、宗教作品为多。我个人的积攒大致经历了几个阶段。研究生毕业时是第一个阶段，当时分了一个四十多平方米的房子，把大学七年攒的书集中到一起，第一次有了一个集中放书的地方。一九八七年至一九九三年，是第二个阶段，这几年颠簸流离，搬了几次家，在宣武、西城、海淀多处迁徙，有些流失。一九九三年开始办书店，是第三个阶段。当时在圆明园对面租了一个房子兼库房，终于把分散多处的书归笼了。和张焕萍结婚后，这些书就都搬到她家了。二〇〇四年买了现在这个房子，是第四个阶段。第一次有了一个固定的家，大量的书云集过来，还是放不下，书店库房里还堆着很多。对于读书人而言，固定而长期的住所，才能慢慢形成书房的性格。

绿　茶：能形容一下您理解的书房性格吗？

刘苏里：书房的性格表现的是书房主人阅读兴趣和品味，而不是摆设或收藏。我们不收藏书。止庵兄来看我的书房，说"品质不高，什么书都往里放"。这可能也跟我和焕萍的性格有关，跟我们多年开书店有关——不能只读（翻阅）自己喜欢的，还要兼顾其他。书太多，二层、三层都堆满了书。这样码书的结果是，过一阵就要发一次疯，想找的书找不着。

我的阅读都是问题意识引导的，一段时间阅读一类书，把散落在书房不同角落的这类书搬到一起，集中来读。比如，俄乌战争，这时候我们不得不关心这个问题，于是集中读了很多关于两国的历史、文化、社会、经济等方方面面的书籍。疫情期间，我们俩分别读了几十本关于流行病、瘟疫、医疗以及公共卫生等相关书籍。

有些问题不是自找的，是自然生成的。还有更多问题是自己一直关注的，有些甚至持续关注几十年。像对美国、日本、英国等几个国家的关注，对古希腊、古罗马文明的关注，对政体转型、人群命运等问题的关注，对贸易、战争、移民、婚姻等人类共同的命运问题的关注等。

一言以蔽之，我们的书房应该是一个具有"关切、怀疑、解析、找答案"等多重性格的书房。

绿　茶：您最近在读什么书？在关切什么问题？

刘苏里：怎么走出始终走不出的困境，是我阅读的出发点，也是一种方法论。任何时代，任何时候，人类都面临各种各样的困境，每个个体也在应对自我的困境。

美国历史学家阿德尔曼的《入世哲学家》是我以前读过，最近又拿出来重读的书。这本关于德国思想家赫希曼的长篇传记，叙述了非常入世的赫希曼在那些黑暗的日子里，从未动摇过信念。同时又找出赫希曼的《自我颠覆的倾向》和《退出、呼吁与忠诚》，这两本书很好地诠释了，在面对不正义、不公、黑暗的时候，每个人应该做出怎样的选择，给出了赫希曼式明确而合理的答案。

此外，文艺复兴也是我最近阅读的一个小主题。其中

《十二世纪的文艺复兴》让我很意外。我们惯常都认为文艺复兴是十四、十五世纪的事情，怎么有个十二世纪的文艺复兴呢？看了才知道，早在十二世纪，教会就在翻译、出版、传播知识文化，奠定了后来文艺复兴的基础。以前看书，有过"十二世纪文艺复兴"的提法，但专著论述，这还是第一次看到，很新奇。这些年关于文艺复兴的书出了很多，像《剑桥艺术史：文艺复兴艺术》《文艺复兴全史》《北方文艺复兴艺术》，等等。最近集中把这些书一口气过了一遍，让我对所谓"黑暗的中世纪"有了新的认识。

还重读了一本老书，茨威格的《昨日的世界》，对我触动很大。为什么呢？茨威格所谓的"昨日的世界"是什么时候？一八一五年至一九一四年，这一百年的承平时代，欧洲几乎没有战争，成为欧洲大发展最重要的一百年，之后的"一战""二战"，文明进程受到极大挑战。想想百年承平是什么概念？它不仅是个和平年代，更是一个西方生活方式得到丰满、固定成形的年代。茨威格的潜台词是，它再也不会回来了。一九四二年他在流亡巴西期间自杀身亡，让我一下子想起王国维的自尽——养育他们的文化面临毁灭，生命还有什么意义？世界范围内，如从一九九一年冷战结束算起，至今才三十年，是不是到处能嗅到战争临近的味道？

再接着看麦克米伦的《和平戛然而止》，看那些貌似聪明、善意的领导人，是如何将他们的国家一步步带入灾难，将"昨日的世界"毁于一旦，进而也就明白了茨威格为什么选择了自杀。

绿　茶：读了这么多年书，您有什么真切的体会？

刘苏里：我不靠这个吃饭，不靠它出名，读书不是我的专业。我的每个阅读谱系都是慢慢形成的，我不追求专业性，也做不到。对我来说，发现填补问题空白的书籍对我更加重要。

做名家大课期间，必须系统地梳理西方思想谱系。那是很密集的一次梳理，也是很有收获的一次集中式阅读，也再次给了我一次机会，思考中西方文化在传承中的走向和关系问题。

希腊人的哲学活动，实质上就是生活方式，爱智慧。希波战争后，希腊本土还是出现过大的战争（伯罗奔尼撒战争），罗马统治下的和平持续多年，但五世纪前后出现一系列毁灭性的战争，但文化香火并未因此中断。据说千年中世纪，是西方文化一次大的断裂，可仔细看修道院的修士们的工作，你很难得出结论，于文化积累和传承而言，那是个"千年黑暗"。亚里士多德为代表的古希腊知识体系，通过阿拉伯人的保存，再次经修道士的努力，回到西方本土，为文艺复兴和启蒙运动奠定了坚实基础。西方文明在何种意义上彻底断裂过？更不要说还有非常重要的基督教信仰传统，一直维系着罗马毁灭后的西方世界。西方文化没有真正地断裂，精神火种一直都在，所以很容易和现代文明因素兼容，科学、工业化和科技革命自然就应运而生了。

以前觉得，自己读了这么多书，也许有一天，所读、所思、所想、所积累的知识会有一些用途。读书是把尺子，来衡量每个阶段发生的问题，让人清醒。年岁徒增，想法有了些许变化。早就知道有读不完的书，我只是奋力去读而已。很大程度上，读书是一种生活方式。

绿　茶：最后，问一个也许很难回答的问题。您对万圣书园的未来有什么样的规划？

刘苏里：不是说不谈书店吗？终于还是绕回到这个问题。对万圣的未来，还没想出满意方案。包括我家里的这些书，它们的归宿也是我们一直在考虑的问题。焕萍一直有一个想法，做一家图书馆式的"学术旅馆"，实行会员制，有驻店学者和作家，举办学术沙龙、读书会，让这些书在另一个层面发挥作用。到那时，我们得真正退休了。

（刘苏里　口述　　绿茶　撰写）

◆ 解玺璋书房 ◆

解玺璋老师是书媒老前辈，到刚从事书评
给稿时，他已经走进什几个寿了。退休后开始
研究之作，还类率生后出版了么梁启超传》
么这恨水传之类，水准很高，他来书房，@
一面环书，还是惟一不那么相称的摆窗的
一面。坐拥书城大概就是这种感觉吧。

锦荣 庚子春三月初九

坐拥书城是一种向往，
也是一种书恼。 解玺璋
2020.11.16

书房主人
解玺璋

学者、评论家，曾任《北京晚报》《北京日报》副刊编辑，同心出版社常务副总编辑，北京评论家协会副主任。著有《梁启超传》《张恨水传》《君主立宪之殇》《抉择：鼎革之际的历史与人》《一个人的阅读史》《喧嚣与寂寞》《雅俗》等数十部作品。

解玺璋

以书会友　风义长存

从事副刊编辑后不久，我就在相关活动中认识了解玺璋老师。在新入行的副刊小编心中，解玺璋和李辉老师是大神级副刊前辈，没想到认识之后，他们一点架子都没有，对我们副刊小编更是多有提携，从他们身上，能学到如何成为一名合格的副刊编辑。

走进解老师家时，他正埋首书桌整理黄遵宪大事年表，在素描纸上自己画出表格，把记录黄遵宪的相关时间、事件抄入相应的表格中。他正在准备写《黄遵宪传》，这是漫长的准备期。旁边还摆着很多手抄的旧式卡片。

客厅有一面墙，整整齐齐一排靠墙的书架，里外两层码着书和文件盒，看起来很有年头了。解老师说，住进这所房子已十几年了，搬家前对书做了清晰的分类，现在这排书架上有二十四史、历代笔记和特别多的年谱，还有早些年买的很多线装书。文件盒里收纳的是各种名家书信、朋友书信、读者来信和投稿，还有当年编副刊时，一些被领导批得比较厉害的大样等，还有各种戏票、戏剧海报、电影票、发票以及其他票据。

很敬佩解玺璋、李辉老师等副刊前辈对历史资料的留存手法和运用能力，这是他们成为学者型编辑的基本素养。回想自己当年也经手大量的书信、名家手稿等，但根本没有用心留存，如今已无所可寻。这些东西过去了就再也无法找补。

解老师的书房是个四方形空间，四周都堆满了书，他把近段时间研究的书都找出来堆放在手边，随时阅读、摘录、抄卡片。如今还用抄卡片这种最传统的研究手法的人已经很少了，甚至高校里这样做的教授都很少了，但解老师从工人开始，就一直保持着抄卡片的习惯，这么多年来，抄了海量卡片，他觉得这是做学问的基石。功夫到家了，把卡片一排，大致的思路就出来了。

解老师说，那个年代读书是非常用心的，不放过任何一点有用信息，会做大量的读书笔记。他拿出一本又一本工厂时期的读书笔记给我看，真是精彩的历史文献。甚至模仿列宁的《哲学笔记》那样做笔记，用不同颜色的笔，把不同主题、体裁做清晰的区分。在首都图书馆，他甚至把首图的全部书目卡都抄了一遍，为了自己借书方便，不用排队随时可以找。

解玺璋老师最初的阅读是从中国古典文化开始，抄录和阅读了大量中国古代典籍和线装书。另外，他的思想方法深受马克思、恩格斯影响，抄录和模仿他们的笔记和格言。最终，选择中国近代人物传记作为自己的研究和书写方向。这种古今中西的贯通阅读，为他的写作提供了大格局的视野，而传统的抄卡片式研究法又让他回归到书写本身，整个书写过程，不仅最终呈现出作品，还梳理和留存了大量史料和研究路径，这是当下稀缺的做学问的品质。

走入解玺璋老师书房，我看到一位读书人在学问之途的孜孜耕耘，真羡慕这样的阅读和学问人生。解老师曾出版了一本《一个人的阅读史》，向那个年代和阅读生活致敬！临走时，解老师拿出一张旧卡片，题签"以书会友　风义长存"送给我，这张卡片我一定会珍惜，长存。

绿　茶：您的阅读和买书，从哪儿开始追溯？

解玺璋：我的读书启蒙应该追溯到在北京第二化工厂的时候。当时初中毕业进入化二厂当工人，我所在的车间是生产硅材料的，要求技术水准很高，国家也很重视。所以，下放来的高科技知识分子特别多，有很多中科院和化工大学的研究员和教授，我属于车间里文化水平最低的。但我们厂很重视青年工人教育，给我们办了夜校。

我们车间的知识分子师傅们都爱看书，互相传递和交流书籍。但对我阅读影响最大的是陆俊师傅，他不是我们车间的，而是厂宣传科的，他来车间看我办的黑板报还有点样子，就有意培养我。我一开始背古诗、古文，都是他一句一句教的。他自己没上过大学，但他父亲是中国人民大学教授，有家学，看书很多。

他老带我去琉璃厂、隆福寺等旧书店。二十世纪七十年代初，"文革"刚刚开始，清理出很多旧书，像样一点的在架子上摆着，没函套的都在地上堆着，像小山一样，特别便宜。当时，我买了很多线装书。全套线装的《史记》才四元钱，全套《昭明文选》才五元钱，《赵注孙子十三篇》才一元五角。我还买了《苏批孟子》、扫叶山房刊行的《龙川文集》、涵芬楼藏版的《归田录》、

《太上道德经笺注》等，都是一两元钱。

陆俊师傅喜欢中国古典文化，受他的影响，我那时候主要看中国古代的书籍，把王力的那套四卷本《古代汉语》好好学了一遍。我的古文功底基本上就是在工厂那些年打下的。

"文革"期间，我的阅读基本上没受什么影响。那时候看了很多书，什么灰皮书、苏联小说、南斯拉夫的书，等等。后来，我参加了厂里的理论组，有一特权可以到首都图书馆借书，有一个集体借书证，他们都不用，只有我在用。当时首都图书馆有一个"参考部"，就是内部借书处，一次可以借五种二十册书，每次背一口袋回来。那时候首图的线装书可以借出来，我每次都借线装书，把唐代主要诗人的全集都看完了。而且，抄了很多书，什么《论语》《孟子》《老子》《墨子》等诸子的书抄了好多，连注释都抄。我现在还保存着工厂时期的大量抄本和读书笔记。

绿　茶：听您这么讲来，感觉您一路是读古典过来的，应该是走古典学术这一路，怎么后来做了媒体，然后转向了近代史方面的研究？

解玺璋：的确是，在工厂时我就对古典学术有了浓厚兴趣，一九七七年恢复高考，我报的三个专业都是北大的，一是中文系古典文献专业，二是图书馆系，三是考古系。当年北大要三百分，我差几分没考上，也没填服从分配，就没上成。半年后，我参加了七八级考试，陆俊师傅建议我考人大新闻系，因为他父亲就是人大教授。结果就被人大新闻系录取了。其实我第二志愿还报了山东大学中文系，我对山大也是情有独钟，因为"文革"中老看山大的《文史哲》杂志。其实，我特别想学古典文献，却鬼使神差地学了新闻。

上了人大新闻系后，听方汉奇教授讲"中国新闻史"，讲到梁启超，开始对梁启超特别感兴趣，就跑到北京图书馆的报库，当时在北新桥那边国子监对面有一个柏林寺，我就天天来看梁启超办的《时务报》《国闻周报》等。那时候，原报真的让看，没人看过全是灰，就在这儿读了一学期旧报，做了大量笔记，之后写了一篇论文叫《梁启超新闻思想初论》，正好学校搞学生论文竞赛，我就交了，还得了二等奖。方汉奇先生看了论文，主动跟我说，你毕业论文就写这个吧，没人像你这样把旧报纸一篇篇读过的。

绿　茶：原来您的梁启超情结从这么早就开始了，难怪退休后，

第一部大作就是《梁启超传》。写梁启超又经历了什么样的过程?

解玺璋：毕业后分配到《北京晚报》，在副刊做文艺评论，写影评、剧评、大众文化评论等。后来的读书，基本围绕着工作展开了，尤其是电影理论书、电影史方面的书，还有戏剧、文学、艺术理论等方面。

但对梁启超的兴趣一直没有间断，也没有停止过阅读关于梁启超的书。他的著作体量太大，没有这么多年持续地阅读，就绝对没有勇气去写梁启超。这么多年来，梁启超对我一直是一个巨大的存在。直到退休以后，有了充分的时间，才重新系统读任公的书，一点点重拾我在不同时期对他的认识。

这是一个巨大的坑，读得越深入越觉得深不可测，以前曾一度觉得梁启超的文学观点都是为政治服务，很不赞同。随着研究的深入，发现他是有一全套体系的，根本不是当初想象的那样。他并不算长的一生中，写了如此海量的著作，这样惊人的产量的确让人惊叹。而且，他不单单是一门心思写作，他的生活很丰富，办报、打牌、旅游、社交，什么都干。

写梁启超对我的研究之路特别重要，让我更加系统、深刻地认识传记写作的难度和高度。如今，《梁启超传》已经印了十几万套，庆幸当初写作的用心，也算对得起那么多读者的信任。近二十年来，我读得最多的书就是《饮冰室合集》，碰到问题，总从这里找灵感，找答案。读梁二十年，最大的改变就是让我从一个思想激进的人，变成一个保守的人。

绿　茶：写完梁启超，又写张恨水，我以为您是要把民国报人挨个儿写一遍呢。

解玺璋：写张恨水，我是有一情结。不仅因为张恨水和《北京日报》的关系。我曾经写过一本小书《雅俗》，探讨通俗文化的价值。于是，很多年来，我一直在报纸上写文化批判，强调大众文化的价值。张恨水无疑是大众文化的典型代表，但他们鸳鸯蝴蝶派不受主流文学圈重视，很多现当代文学史，对张恨水不屑一顾，这也太不公平了。社科院有一套十卷本《中国文学史》，记载张恨水的只有二百多个字。我就觉得，在大众文化层面影响这么大的作家，写了三千多万字的作品，却被文学史冷落，我有点为他打抱不平。

于是我写了一本《张恨水小传》，大概只有八万字。原以为有这个基础，再修订升级一下应该好写，但写完《梁启超传》以后，我对传记写作有了更高的要求，决定正经为张恨水写一部传记。开始读材料发现，关于张恨水的文学研究有一些，但关于他身世的文字却很少很少，包括他的自述，也都是围绕文学的。有段时间我都准备放弃了。

二〇一三年就和出版社签了《张恨水传》合同，到二〇一五年还没动笔。后来有一次，到张恨水老家参加一个活动，碰到谢家顺老师，他是安徽大学的老师，正在推广他的《张恨水年谱》，他送了我一本，真是如获至宝。这个年谱对张恨水文章发表目录记录得特别详细，谢家顺用十年的时间做了这个事，他把跟张恨水有关的全国图书馆、档案馆都跑遍了，能找到的报刊都找到了。有了这个路径，我就到图书馆查旧报纸，重新启动《张恨水传》写作。

再一个要感谢首都图书馆对我的大力支持，允许我看原报。这样一点点看旧报，拍了几千张照片，我发现张恨水发表的很多小文章中，谈自己家世的特别多，他喜欢用自己的经历来证明什么事。就这样，一点点地把张恨水的生平和家世拼凑出来了。

后来，谢家顺老师又编了一套七卷本的《张恨水散文全集》，收录了张恨水主要的散文，这套书对我写《张恨水传》也帮助很大。有了谢老师的两套书和首图，二〇一六年和二〇一七年，大概用了两年多时间，终于把《张恨水传》拿下来了。从写作难度来讲，张恨水要比梁启超好写得多。

绿　茶：《梁启超传》和《张恨水传》让您明确了传记写作的方向，您对传记写作有什么样的体会？这种研究方法大概有什么特点？

解玺璋：我比较偏重于史，现在很多传记最大的问题是虚构成分太多，材料不确实的太多。我写传记尽量做到都有出处，如果有多种出处和说法，也尽量都放进来，把事情的来龙去脉说清楚。对材料的可靠性来说，我认为书信要比日记可靠，日记中虚构的、主观的东西太多，比如说《胡适日记》，本身就是要写给后人看的。墓志铭相对比较可靠，因为要刻在墓碑上，但因为是当时人写的，也有一些问题，中国人死者为大，往往有很多夸大成分，溢美之词偏多，在引用的时候，要注意其可靠性。

写传记是特别要小心谨慎的活儿，除了对材料运用要真实可靠，细心分辨，在引用资料时，也不能过度解释，尤其不能用今天的立场来解释当时的文献，尽量要回到当时的环境去体察传主的情况和感情。在写作中，我时刻警惕自己，要跳出来，不能陷入对当事人的情感当中。

除了日记和书信，年谱对写传记特别重要，年谱的脉络能让传主的形象特别清晰。写作中，要时时考察年谱，再根据年谱中提到的时间和事件，寻找相关的材料，就能事半功倍。我对做年谱的人特别钦佩。我的书房里年谱书特别多，基本上看到年谱都买。

当然，传主本人的文集和所有文章必须得看。传记的研究方法其实很简单，就是阅读和掌握尽可能全面的资料，根据不同资料比对，才能更客观地呈现传主的真实性。

我的研究方法还是最传统的"抄卡片法"，当年在化二厂时，师傅给我印了很多很多卡片，现在还在用。有些书中可能只有一两条相关资料，抄出来就特别方便使用，不用再一一去翻书。抄卡片的功夫做到家后，把卡片一排，大致的思路就出来了。

这一研究方法得益于《文史知识》杂志，当年，每一期都介绍一位学者怎么治学，我都抄下来，跟着学，一点点模仿，按他们的说法来做，特别实用。那时候主张自学成才。

绿　茶：刚进屋时，见您正在抄卡片还是做年谱，目前正在做哪方面研究呢？

解玺璋：我正在做黄遵宪大事年表，准备写《黄遵宪传》。跟作家出版社签的是二〇二三年交稿，这是中国作协发起的"百人传记工程"，我报了黄遵宪，这个项目已经出过七八十本书了。写《梁启超传》时有了写黄遵宪的念头，他俩关系特别好，黄遵宪相当于梁启超父辈的人，但黄遵宪对梁启超特别好，他们之间有很多交集和深入的交往。新加坡和日本有一些人写黄遵宪，他在新加坡当过几年总领事，做了好多事。在日本也是，他跟日本文人关系特别好。

我书房里堆着很多黄遵宪资料，一点点看，抄卡片，第一步先把年表整理出来，拉出清晰的框架，再把卡片内容一点点补充。我的传记写作，一开始都要先做这两步工作。

此外，我还在做一个北京书院的选题，大概会写十几个北京的书院。我正在写第一个书院，叫窦氏书院。窦燕山是五代时期的人，《三字经》中"窦燕山，有义方，教五子，名俱扬"说的就是这个人。我还在整理他的材料。

绿　茶：除了中国古典文化，以及刚才谈到的几位传主，在您的阅读史中，还有哪些著作深刻地影响了您？

解玺璋：要说特别具体的影响，还有《马克思恩格斯选集》，马克思和恩格斯的书对我的思想方法特别有影响。他们的书我看得特别细，做了大量的笔记，划了很多重点，这些笔记我都还保留着。看《黑格尔法哲学批判》导言中的这句话："哲学把无产阶级当作自己的物质武器，同样，无产阶级也把哲学当作自己的精神武器；思想的闪电一旦真正射入这块没有触动过的人民园地，德国人就会解放成为人。"

还有恩格斯的《路德维希·费尔巴哈与德国古典哲学的终结》，我特别喜欢，一遍遍读，记录了很多很多金句，比如谈历史的："无论历史的结局如何，人们总是通过每一个人追求自己的、自觉预期的目的来创造他们的历史，而这许多按不同方向活动的愿望及其对外部世界的各种各样作用的合力，就是历史。"

马克思和恩格斯说的话，有时候真的特别棒。当年在工厂时，读到这样的句子，可以想象对我的震撼有多大。而在马恩书中，这样精辟的话比比皆是，我都一句一句抄下来，随时翻阅。

当时还特别爱模仿，模仿列宁的《哲学笔记》，我也做他那样的笔记。各种颜色分区，画板块，这样的笔记就特别一目了然。这个办法就是学列宁的。

我很感谢工厂那些年的读书生活，那些看似传统却深刻影响我的读书方法，如今在我的研究和写作中依然发挥着重要作用。那些年抄的书，记的读书笔记，也是我书房中最珍贵的史料。

（解玺璋　口述　　绿茶　撰写）

◆ 赵珩书房·毂外堂 ◆

书房主人

赵珩

文化学者。原北京燕山出版社总编辑。著有《老饕漫笔》《毂外谭屑》《旧时风物》《老饕续笔》《百年旧痕》《故人故事》《逝者如斯：六十年知见学人侧记》《二条十年》等。

264

赵珩

书房里藏有家族四代人的档案

早年读过三联版《老饕漫笔》，很欣赏赵珩先生笔下的食话掌故，受此影响买了很多文人美食相关书籍。在报纸编副刊时，很想找机会认识赵珩先生，约他写更多老饕食话。后来又读到《彀外谭屑》《旧时风物》等作品，认识到赵珩先生对社会文化方方面面的掌故和历史都有很深的造诣和非常丰富的认知。

赵家是世家大族，自太高祖达纶算起，"一门六进士"。曾祖赵尔丰为驻藏大臣，署理四川总督。彀外堂藏有家族四代人丰富的档案，经历那么多运动和时代变迁，这些档案、史料大部分仍保存至今，这是赵珩先生最欣慰的事情。

后来在多个场合碰到赵珩先生，并终于有机会在副刊上发表赵珩先生的作品。最近几年，参加首图"阅读之城"评选，多次见到赵珩先生，就更熟悉了。终于来团结湖造访彀外堂，有种久别重逢之感。我大学毕业后，在红庙一带工作，租住在团结湖。如今一晃十多年过去了，很少再来这边。

觳外堂位于一栋普通居民楼里，赵珩先生在这个单元内有三套房，门对门两套，一为觳外堂，另一套为夫人吴丽娱老师书房，楼下一套为生活起居。

我第一次见吴丽娱老师，吴老师说："我老早就认识你，以前你给赵珩发邮件，都是发到我的邮箱，赵珩不会用电脑。"真是太意外了，这么多年，原来一直麻烦吴老师转达信件。吴丽娱老师是国内礼制史研究权威，二十四史修订本的礼制部分的审稿负责人。研究专著《终极之典：中古丧葬制度研究》《唐礼撷遗：中古书仪研究》等是古代礼制研究很重要的作品，同时主编有《礼与中国古代社会》（先秦—明清）等。吴老师书房里，全是高深的中国历代礼制研究著作和历史典籍。

采访间隙，速写觳外堂一角，收录于去年制作的一套十二张月历卡片。和王道兄再访觳外堂，赵珩先生在卡片背面题签："绿茶先生手绘各家书房月历　生面别开　生动有趣　虽非画家笔力　然拙朴生动　特色盎然　诚可爱也　己亥亚岁绿茶来访题之　赵珩谨记于觳外堂"。

今天，我们一起走进觳外堂，听赵珩先生讲述书房里的阅读与风物。

绿　茶：读您的《二条十年》，真羡慕您小时候的生活环境和阅读启蒙。少年时代的阅读对您意味着什么？

赵　珩：这本书记录了我一九五五至一九六四年住在东四二条的生活，正好是六岁到十五岁的童年和少年时光。少年时的阅读对我影响非常大，后来人生的很多面向，在这里都能找到痕迹。

一九五六年，我八岁，上培元小学，离家不远，两站地，放学时喜欢溜达回家，每天必逛隆福寺。隆福寺是民国时期北平的两大书籍中心之一，另一个中心为琉璃厂。高峰时，隆福寺有二十几家书店。但二十世纪五十年代公私合营都并入了中国书店，只剩下一家叫"修绠堂"，专营传统的线装书，按经、史、子、集四部摆放。我不懂古书，却喜欢店里的氛围，总爱在店里转来转去，时间一长，几个老年店员都认得我了，有什么不懂的就问他们，慢慢也明白了一些经、史、子、集，我的目录学知识大概就是在"修绠堂"打下了一些基础。

还有一家书店是儿时记忆中难以忘怀的，就是我家所在的东四二条对面的"曹记书局"。店主是对父女，山西人。店里卖各类新书，但主要经营小人书（连环画），既可以卖也可以租，拿回家看要收押金，两分钱看一本。我小时候看的小人书，多是从这家书局租的，《三国演义》《水浒传》《西游记》《红楼梦》等都是从曹记租的或买的。我现在还藏着一套一版一印的《红楼梦》小人书。还有老版的《三国演义》《水浒传》《说岳全传》等小人书都还在。当时家里还订了一些杂志，适合我看的有一本《小朋友》。小人书对我的童年和少年时代具有很深的启蒙价值。除了小人书，正经读传统历史书，应该是从林汉达的《东周列国故事新编》和《前后汉故事新编》开始，这两本书对我儿时影响很大。

儿时的启蒙诗词读物则是一套上海少年儿童出版社的《中国古代诗歌选》。后来真正迷上诗歌，读得最多的是人民文学出版社马茂元选注的《唐诗选》和中华书局的胡云翼选注的《宋词选》。这三本书对我儿时的诗词启蒙也非常重要。

小时候记忆力好，像《古文观止》《论语》这些经典文言文都能通背，而且很难忘记，直到现在我基本上还能背诵不少篇章。《古文观止》中，我父亲给我讲过两篇，一是《郑伯克段于鄢》，二是《归去来兮辞》，从此对《古文观止》印象深刻。上学时，老师让读的书都不怎么读，就爱读这些课外书。

儿时这段放学回家的路程，正常要走二十分钟左右，而我每天在隆福寺这片热闹的地方盘旋，到家常常需要一个多小时。

绿　茶：这是多美好的童年时光啊，不像我小时候天天在泥里打滚。

赵　珩：上初中后，父母搬到翠微路大院住，我还跟着祖母住在二条。寒暑假就到翠微路和父母一起住。父亲有一间较大的书房，就是在那些年，我开始接触到中国古代笔记。例如，《能改斋漫录》《挥麈录》《万历野获编》《齐东野语》，等等。

又如，小时候因为喜欢《水浒传》，就想了解相关的历史背景，刚好看到父亲有线装的《大宋宣和遗事》，这套笔记中的《元集》《亨集》里，有关于宋江等人的故事。后来又寻来余嘉锡的《宋江三十六人考实》、俞万春的《荡寇志》等，继续自己的《水浒传》考据兴趣。正是在这些由浅入深的阅读中，开始了我这辈子与书的不解之缘。可见，孩提时期，家庭的阅读氛围和环境对孩子的成长多么重要。

我父亲当时在中华书局主持二十四史点校工作，无暇顾及我的阅读需求，我都是自己守着他的书房乱看。有一次，他见我正在读民国史一类的书，便说："你若是对民国史感兴趣，可以看看李剑农的《戊戌以后三十年中国政治史》。"父亲这一句话，让我对民国史尤其是北洋政府史一直感兴趣。

可以说，小学四年级之后到整个初中，是我读书最多的时期。二条和翠微路两处的书足够我随意翻阅，可以说，我是那个年代少有的家中有"小小图书馆"的幸运孩子。

绿　茶：是啊，你们家族的这个条件在中国也不多。

赵　珩：赵家算不得望族，我们是汉族，但隶属汉军正蓝旗籍。从太高祖达纶算起，"一门六进士"。曾祖一辈兄弟四个，除了曾祖赵尔丰不是进士，其他三位都是进士。老大赵尔震和老二赵尔巽是同治甲戌科同榜进士。赵尔震做到工部主事三品顶戴，赵尔巽做到四川总督、东三省总督、奉天将军等，后出任清史馆总裁；老四赵尔萃光绪己丑科进士，三品衔，后辞官回泰安故里。曾祖赵尔丰虽然不是进士，也是道员出身。做到驻藏大臣，署理四川总督，也算封疆大吏。清末九位总督中，我家占了两席。

曾祖赵尔丰膝下四子一女，我祖父赵世泽系幼子，家族大排行老九，称九爷。初随曾祖赵尔丰在四川，保路运动后，曾祖被杀，祖父逃出成都回到北京。辛亥革命爆发后，江苏巡抚程德全宣布江苏独立，祖父应召南下做程德全幕僚。程德全卸任后，祖父北上投奔退居在青岛的曾伯祖赵尔巽。

一九二九年，祖父举家从东北迁回北平，这是他颠沛流离的一生中最闲适的一段时光。博学多才的他喜欢收藏碑帖、字画，当时北京古玩行，"赵九爷"名声可谓不小。他的收藏尤以碑帖见长，品质很高。"七七事变"后，北平被日本人占领，祖父坚决不出来做事，因此断了经济来源。他的很多收藏就是那时候陆续卖了，散了。一九五〇年年初，祖父突发脑溢血过世，享年六十六岁。

父亲一九二六年出生于齐齐哈尔。一九二九年迁回北平后一直学习、工作、生活在此。他从小接受中国传统式教育，在经学和史学方面打下了坚实的基础，后入读辅仁大学经济系。一九五八年，父亲由商务印书馆调去中华书局，从此他的人生就没离开过二十四史点校出版工作。

绿　茶：带我认识一下彀外堂里的书吧。

赵　珩：我家的书啊，没什么稀罕的。著名藏书家、古籍目录学家黄永年先生来看过，他有个定论，"你家的书是读书人的书，不是藏书家的书"。韦力也来采访过，他把所有的书都搬下来，过了一遍。他也同意黄永年先生的看法。当然，也有几部不错的，但总体来说还是读书人的书。

我的书房比较杂，什么类型的都有，笔记最多。小时候，在父亲大书房接触中国古代笔记后，我对笔记这种题材一直关注和收集。中国历代笔记，我的书房里应该是非常全的。笔记分三类：史料笔记、读书笔记和社会生活笔记。像宋代的《太平广记》，可以称之为史料笔记；清代李慈铭的《越缦堂读书记》则是读书笔记；而像《东京梦华录》这一类的可称为社会生活笔记。

笔记和随笔、散文是有区别的，笔记还是史料，而散文、随笔属于文学。笔记是可以援引的，但有些笔记是不能援引的，如《清稗类钞》，都没出处。我的《老饕漫笔》《馉外谭屑》《旧时风物》等就算是笔记，只不过用的是现在的汉语，而我的书写则是运用中国笔记的传统。

我的书房体现出来的是"杂"，书画、文玩、笔记、饮食、戏曲、北京史、邮票等，我喜欢的东西太多。而内子吴丽娱那屋的书房是另一番风景，她是典型的学院派，是陈寅恪陈门第三代弟子，她老师是陈寅恪的弟子北大王永兴教授。她是目前国内礼制史研究方面的权威学者之一。

我们的书分类很清晰。二十四史的《宋史》以前都归她（当然，前四史是每人必备的）。《资治通鉴》也是一人一部。其他史学著作，宋元以前，都放她那边，明清以后，则放我这边。还有讲制度史的，比如"三通"（《文献通考》《通典》《通志》）则都在她那边。唐宋笔记在她那边，元以后的笔记都在我这边。

我们的书不交流，互相不看对方的书，也不涉猎对方的研究领域。吴丽娱是典型的研究型学者，逻辑思维很强。而我是形象思维的人，大脑里似乎储存着很多胶片，记忆力很好。小时候记忆特别清楚，尤其是读过的书，很多至今还能背诵。

绿　茶：如此规划的书房容量，都经历过什么？

赵　珩：我家的书，一部分是继承的，主要是我父亲留下的，大概占四分之一，全部是经史类的。但也处理了很多。翠微路的书，卖掉了一些，有些不是太好的版本。有些书那时处理了也殊为可惜，如我小时候读过的《饮冰室合集》《胡适文存》等，后来处理了很多，家里实在放不下。

现在的书四分之三都是我们俩后来慢慢积累的。我涉猎的领域太多，以至于各种书籍疯长。当然，也在不断地淘汰和优化。夫人做学术研究，书房基本清一色的经史类书和当代研究著作，而且主要是唐宋以前的学术著作，但也是容量惊人，其规模比我有过之而无不及。

在今天这个信息时代，纸媒是不会消失的。阅读的东西是必然存在，书是有温度的。书籍收藏也越来越热，书札、手稿等方面的收藏也是很有热度。虽然说，如今这个时代，不通过读书，或许更容易达到"黄金屋"和"颜如玉"；但对于个人的享受，是没法用"黄金屋"和"颜如玉"来比拟的。

绿　茶：非常同意。我看到您家书房除了书，还有各种古玩、字画等，毂外堂里一定蕴含丰富的历史信息吧！

赵　珩：是的。我家书房里，大多数东西都有历史。我的书桌、书柜、印泥盒、阅读灯、笔筒、扇子、儿时的玩具等，都很有年头。例如，这个书柜里存放的大多是线装书。虽如黄永年先生所言，没有藏书家的书，但也有一些不错的古籍，如明嘉靖本《白氏文集》等。又如邓之诚的

《东京梦华录注》，这是第一版，上面有邓之诚送我父亲的上款，这个版本只印有几百册。

我这书房里的书多数为使用之书，而书房中最让我珍视的，是我们家族几代人的档案，总算是留下了一些。如我太高祖的诗集、高祖的墨迹、祖父的藏品，还有祖父当年在程德全那里做幕僚时，替程德全撰的很多电文的底稿，尤其是祖父改编的很多昆曲本子。还有父亲十三四岁的日记，以及很多手稿；母亲年轻时的绘画；我一九四八年在协和医院的出生证；十三岁时，用毛笔抄录的整部《论语》，等等。还存有我们家族四代人的部分印章，曾经钤了一本《觳外堂藏赵氏印存》，后来入藏了国家图书馆金石善本部，并由中华书局影印出版。收藏太多了。

绿　茶：最后，问一个不该问的问题。如此海量的书籍、史料和家族档案，除了您用笔记体作品在陆续输出，有想过它们将来的归宿吗？

赵　珩：这是很现实的问题，也是让我头疼的问题。一切听其自然吧。

（赵珩　口述　　绿茶　撰写）

◆ 诸葛忆兵书房 · 一帆斋 ◆

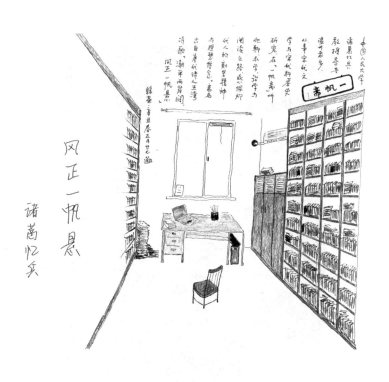

书房主人

诸葛忆兵

学者。曾为中国人民大学国学院教授，现温州大学文学院教授。研究领域为宋代文学、历史。著有《宋代宰辅制度研究》《徽宗词坛研究》《宋代文史考论》《范仲淹研究》《宋代科举资料长编》等。

诸葛忆兵

"潮平两岸阔，风正一帆悬"

不久前，和一位朋友聊天，他正就读于中国人民大学研究生班，说有一位诸葛忆兵教授，讲宋代词学非常好。我说，那是我老乡啊！几天后，就有机会造访诸葛忆兵教授的书房"一帆斋"。

走进诸葛教授家，听到久违的乡音，虽然我们是用普通话交流，但温州人讲普通话，一听就是这个味儿。没有客套，诸葛教授直接带我进入他的书房。一间很朴素的书房，窗户边摆着一张工作桌，一台电脑，桌子上散落着几本最近正在研究的关于宋代科举的专业书籍。另外三面墙是顶天立地的书架。

书架上整齐插放着不同时期收录的书籍，有些泛黄，有着几十年光阴的故事。一眼扫过，它们以中国古典文学为主，唐诗宋词金元曲，以及品类众多的集部著作。《全唐诗》《全宋诗》《全宋词》《鲁迅全集》等，一字排开。另一面墙则偏向中国历史，尤其是宋代历史，以及科举史方面的书籍，当然还有全套二十四史和《全宋笔记》《续资治通鉴长编》《宋会要》等。

还有整整一个专架存放诸葛教授自己的著作。文学研究方面，从第一本《徽宗词坛研究》开始，到《唐诗解读》《宋词解读》《宋词入门》《李清照》《多维视野下的宋代文学》等；宋代历史方面，则有博士后时期的《宋代宰辅制度研究》及之后的《范仲淹研究》、五卷本《宋代科举资料长编》等。总计几十本之多。

还有一面背身的书墙，则多为更早期的书。比如，当年大学毕业在平阳一中教书时，花半个月工资买的一套《全宋词》，还有"文革"时期的历史启蒙读物、范文澜的《中国通史简编》《中国近代史》等。

而家里客厅、卧室等其他房间，也都是满墙的书架。卧室里的书相对比较休闲一些，有全套金庸全集和其他武侠小说，还有很多经典的外国文学名著，包括《巴尔扎克全集》《莎士比亚全集》等，还有一些跟研究相关的书，比如西方心理学著作等。

对于像诸葛教授这样中小学是在"文革"时期度过的人来说，在他们考上大学后，那种如饥似渴的阅读期，现在听来有点疯狂，那时候他们见着书就读、就背，恨不得从远古背到现代，连字典、试卷都背下来。再看今天的阅读世界，书籍出版是越来越多，但真正读书的人越来越少，从国家到地方，各地都举办各类阅读推广活动，提倡人们读书，读书变成求爷爷告奶奶的事了。

"潮平两岸阔，风正一帆悬"，是诸葛教授借以自勉的诗句，也是他书房"一帆斋"的出处。对做学问也好，阅读也罢，都应该秉持这样一种态度，一种对于自我修养的注重，而不应该抱有太功利的目的，对我有用才读。读无用之书，正如行船于潮平的河道上，懂得欣赏两岸开阔的风景。

绿　　茶：您的阅读启蒙大概是从什么时候开始?

诸葛忆兵：一九六六年我开始读小学，到小学毕业时，"文革"最疯狂的时候已经过去。印象很深的是，小学二年级开始读长篇小说，读的第一本长篇小说是金敬迈的《欧阳海之歌》。当时在温州城南小学读书，到三四年级时，因为我喜欢读书，便做了班级的图书管理员。我们班有两名图书管理员，每学期从学校拿八十本书，一人四十本，同学们到我们俩这里借书。然后，我们两名管理员再互相交换书。那段时间对我的阅读启蒙非常重要，读了非常多的书。后来，不知道从哪里搞到一个温州图书馆的借书证，就可以到温图借书看了，当时最大的梦想是长大以后可以到温州图书馆做图书管理员。

那时候，"小说"等于"毒草"，像《红日》这样的革命小说都属于"毒草"，所以，读书都是偷偷地读。唯有鲁迅和范文澜的书是可以光明正大地读的。所以，范文澜的那套《中国通史简编》和《中国近代史》被我当小说一样反复地读，也因此培养了我对历史的喜爱。再就是鲁迅的书，我因此认为鲁迅是我思想启蒙的第一人。

绿　　茶：这么说来还挺幸运的，"文革"没有阻断您的阅读。

诸葛忆兵："文革"期间无书可读，我的阅读只是比同龄人稍多，仍然处于"半文盲"状态。一九七七年恢复高考前，突然有一天读到李白的《将进酒》，太震惊了，怎么会有这么雄美壮伟的诗歌，写得那么好。当时并不知道李白是谁，这在今天是很难想象的。那时候，那么爱读书的我，也从来没听说过李白、杜甫这些人的名字，更不知道苏轼、欧阳修。

我高中只读了一个学期就被家里叫停了。等到恢复高考时，我只好从头学起，那时候也没有老师，没有培训班，全靠自学。打工的时候，托人从上海买回来一套《数理化自学丛书》。后来，高考的时候，这套书派上大用场了，我得以考入温州师范专科学校。我数理化特别好，基本上数理化的东西一看就懂，刚上大学时，我常常跑到数学系去听课，极想转到数学系去。

绿　　茶：你们这一代，真正的阅读应该都是从进入大学开始的吧！

诸葛忆兵：是啊，太兴奋啦！每天五点起床，一直到熄灯，都在阅读、阅读，再阅读。大学图书馆里，各种经典的书籍基本上都有，尤其是国外的经典小说。我读书速度非常快，一天可以读三本长篇小说。上午、下午、晚上各读一部。那些年，对读书的渴求近乎疯狂。什么都读，什么都背，甚至连字典都背，把能读到的书都背下来了，从《诗经》一路背到现当代散文。

这样的背诵训练收获特别大，比如有一门"中国通史"课，期末老师布置了九十三道大的问答题，上下五千年都包括其中。我们根据课堂笔记和参考书，把这些问题整理成十万字的答案，然后一字不漏地背下来。当时的刻苦精神，现在想来真是不可想象。

绿　　茶：您曾经在平阳一中执教，后来读研、读博，这段人生路径是怎么走出来的？

诸葛忆兵：我们师专同学中，有四个温州户口的毕业分配到下面县城，我们几个家里都没什么背景。我是分配到平阳一中，张智勇和严正分在瑞安中学，叶正猛到永嘉县里做秘书。我们四个人觉得如果不考研出去，人生就这么停顿了。于是，我们发起了"三方四国会议"，制订了严密的考研计划，叶正猛制作了表格，包括：一个月的学习计划、上个月的学习总结，甚至包括每天的时间安排，等等。四个人每月互寄表格，相互鼓励和监督。在平阳一中教书时，走路都是跑着的，利用一切能利用的时间学习和读书。

但是，平中的阅读条件有限，很多想读的书读不到。当时平中图书馆在历经"文革"浩劫残留下来的一些民国版"万有文库"，真是如获至宝，像《杜诗详注》等就是那时候读的。假期自己跑到杭州，每天蹲点省图书馆饱览中国古典经典。唯一一次豪举是花了半个月工资，以十八元买了一套中华书局版《全宋词》，这套书现在还在我的书架上，常常被使用。

现在想来，后来如愿考上研究生，再读博，进入博士后流动站，乃至现在在中国人民大学任教，一路走来，有很多偶然因素促成，但真正引领我人生路径的唯有不懈地阅读。

绿　　茶：您从什么时候开始锁定了自己对宋代这个断代的研究？

诸葛忆兵：还是得从考研说起。那时候就觉得考古典文学是正宗。从作品阅读来说，唐诗宋词读得最多，比较而言，我更喜欢宋词的抑扬顿挫，就疯狂地背。从《诗经》一路背下来，发现自己最喜欢宋词，就选了宋词作为自己的考研方向。

当年在平阳一中时，我和几位老师组织了"读诗会"，每两周聚一次。当时，我还写了一篇文章，研究《花间集》中的一个作者毛文锡，寄给要考研的硕士导师陶尔夫先生，他就看上了，并且认为文章可以发表。后来，我顺利成为陶尔夫先生的硕士研究生，在陶老师指导下，改成发表了。这是我发表的第一篇学术论文，是在平阳一中考研期间完成的。

绿　　茶：我发现您早期主要从事宋代文学研究，近些年更偏重宋代历史研究，文学与历史，您是如何权衡和结合的？

诸葛忆兵：文学和历史，在我的学习与研究过程中一直是并驾齐驱的。上大学时海量阅读文学书，专科、硕士、博士，都是中文系，但早年受到范文澜著作的影响，也一直没有放下历史的学习和研究，所以博士后在北师大流动站，做的就是"宋代宰辅制度研究"，这是我的第一部历史著作的书名。

文学与历史这两个学科，有着密切的联系。比如，我的博士论文做的是"徽宗词坛研究"，这里就涉及徽宗年间成立的重要机构——大晟乐府，这完全是一个制度史的问题。大晟乐府里这些官员是干什么的？周邦彦做过大晟乐府的提举官，以往认为大晟乐府的词和音乐创作，都是他领导干的事情，我曾经写过一篇

《周邦彦提举大晟府考》，发表在《文学遗产》杂志上。所以，这种研究，既是文学的，也是历史的。

我在宋代文学方面的著作的确比较多，第一本是《徽宗词坛研究》，这是由我的硕士、博士论文修改而来。之后，出版了《李清照》《宋代科举制度与文学演变》《宋词入门》《多维视野下的宋代文学》等一系列宋代文学研究著作。宋代历史方面，除了博士后时期的《宋代宰辅制度研究》，第二本就是《范仲淹研究》，再就是五卷本《宋代科举资料长编》。下一本书在写宋代科举制度史，已经写完南宋高宗。

绿　　茶：您对宋代有什么样的总体评价？

诸葛忆兵：宋代是帝制时代的转型期，转型到文官主政，这一转型主要由科举制带来。宋代是科举完全成熟的时期，宋代科举是非常严格的，保证一切以卷面文章为录取标准，没有了宋以前的世袭、门阀等情况，保证了仕途的公正性。宋代科举让大量的中下层知识分子得以崛起，真正的人才得以选拔出来。宋代重文轻武，以文治天下，是科举制度完备带来的成果。所以，我这些年主要研究宋代科举，就是想通过科举来探讨宋代成为中国历史高峰之一的真正缘由。

绿　　茶：您书房现在的规模是怎么成长起来的？

诸葛忆兵：以前工资低，买书很困难，目前书房的书都是到北京以后才买的。那时候，主要是去书店淘书，比如风入松书店、国林风书店、万圣书园、北师大对面的盛世情（不久前，盛世情在经营二十多年后闭店），还有北大校内的野草书店等。我还经常去中华书局自营的书店买书，还有几个图书批发中心，比如丰台的西南物流中心，那里书打折很厉害。但这些年有点懒了，发现想买的书，就让学生帮着网购了。

绿　　茶：最后，能请您推荐一些书房中对您有特殊意义或影响深刻的书吗？

诸葛忆兵：除了刚才提到的鲁迅、范文澜的书和《全宋词》，在学术史上对我影响大的，首先是我导师陶尔夫的著作，但他的作品不太多，如《宋词百首译释》《北宋词坛》等。我是陶尔夫先生的第一个研究生，那时候一对一辅导，每次见面都把下一周要读的书目确定好，先写出读书笔记，然后导师点评，他说，你将来的第一个学术基石就是这些读书笔记。

　　另一个是叶嘉莹先生，她的著作对开阔视野帮助很大，能够把理论的书写得可读性很强。在温师时读到叶先生写吴文英的《拆碎七宝楼台》，就深深被叶先生的学问吸引了。这么多年，凡是叶先生的书，我一本一本都读了，还有全套的《迦陵文集》等。

对宋代历史研究，用最多的是《续资治通鉴长编》，这是一部比较原生态地呈现北宋社会风貌的历史著作。因为是编年体，通读它，整体的历史感会比较清晰。而《宋史》是纪传体，这是《史记》奠定下来的传统。这两种写史题材用处不同，对我而言，"长编"使用率更高。而《建炎以来系年要录》仅限高宗的朝代，时间太短。还有历代纪事本末，也需要用到。《宋会要》也是很常用的，属于政府官方史料汇编。另外，我还通读所有的宋代墓志铭。

文学即人学。对我文学研究思路影响比较大的，还有西方的心理学著作，像阿德勒的《超越自卑》，马斯洛的《人的潜能和价值》《动机与人格》等。"人同此心，心同此理"。西方很多心理学权威著作，对人格心理的分析完全可以运用到中国文人的心理活动研究中来，我写的晏几道论文，其中就引用了很多西方心理学的成果。

此外，金庸的小说对我影响也很大。金庸对历史是有真正独立思考的，他对帝制的批判力度很让人反思，对民族之间的关系也有很清晰的立场。比如，《天龙八部》里，宋人叫契丹人"辽狗"，契丹人则反过来叫宋人"宋猪"。其中，乔峰到萧峰，冲破了狭隘的民族观念，把这个问题揭露得很透彻。金庸作品中对历史的穿透力是很让我佩服的。

北宋人对辽是很复杂的心理。一、辽是边缘小国，宋瞧不起；二、辽国比宋强大，宋惧怕它。苏辙使辽，一方面感到恐惧，另一方面又觉得委屈。真正到了辽国，发现人家对他很好，这里的官员水平也不错，想法就慢慢改变了。苏辙一共写了二十八首使辽诗，前后的态度改变，就有点像乔峰到萧峰的改变。

绿　　茶：您的书房叫"一帆斋"，这个斋号典出何处？

诸葛忆兵："潮平两岸阔，风正一帆悬"，这是唐代诗人王湾诗中的两句，我用来自勉。做学问就是要秉持这种态度，要正派。

（诸葛忆兵　口述　　绿茶　撰写）

◆ 钱志熙书房 ◆

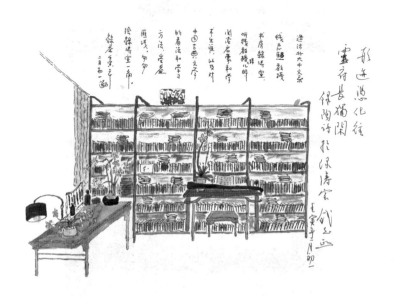

书房主人

钱志熙

北京大学中文系教授。研究领域为魏晋南北朝唐宋诗歌。著有《中国诗歌通史：魏晋南北朝卷》《陶渊明传》《唐诗近体源流》《魏晋诗歌艺术原论》《黄庭坚诗学体系研究》等。

钱志熙

"细雨愔愔自闭门，陈编丛叠著新文"

钱志熙是北大中文系古典文学教授，温州乐清人，和我是同乡。虽然我们都在北京居住多年，但见面一说话，熟悉的"温普"格外让人亲切。

钱志熙教授主要研究对象是中国古代诗歌史，着重于魏晋南北朝、隋唐时段，但对前面的先秦两汉和后面的两宋，也有较多的涉及。同时，他比较重视与文学相关的思想史的一些问题。这么大跨度的学术领域，其书房规模自然相当惊人。爱书之人一走入这弥漫着古典气息的书房，便有股如沐春风的舒畅。钱教授家的好几个房间都摆着成排的书柜。在客厅里坐下聊了一小会儿，他就请我参观他的工作书房。入门第一个书架全是线装古籍。这些旧书有一小部分是他祖父留下的启蒙读物，虽然有些残破，但这些百多年前的书籍带着亲情和温度。

钱志熙教授新出的诗词集题为《绿涛室诗词集》，我姑且把他的书房称为绿涛室吧！绿涛室摆放的书籍，照我看基本是"编年体"格局，从先秦一直到清代。魏晋南北朝、隋唐五代、两宋是重点，这几个断代的书比较多。黄庭坚、李白、陶渊明等几位的书比较丰富。钱教授说："像陶渊明、李白这样的作家，他们一个人的相关书籍，都可以单独装满一个书房。"此外，书架上面还堆着很多全集，像《全上古三代秦汉三国六朝文》《全唐诗》《全唐文》《全宋诗》《全宋词》《南怀瑾全集》《夏承焘全集》，等等。小说与戏剧不是他研究的专长，但这方面的书也不少。大体说，一部中国文学史的基本史料，差不多是齐全了。

还有几个单独书架，专门存放"故乡之书"——历代温州文人的著作，以及关于乐清的著作等，如《温州文献丛书》《温州文献丛刊》《温州文史资料》《温州学学术讨论会论文集》《道光乐清县志》《雁荡山志》《瓯海轶闻》。《瓯海轶闻》除了新出版的之外，还有一个方介堪题写书名的线装本，厚厚一叠。他笑着说，用起来其实没有新版方便，但摸上去的感觉不一样。像《水心先生文集》《止斋先生文集》，都喜欢用线装本。

除了书房四面墙满满的书，客厅和卧室也放满了书。书房里以古典文学，也就是集部为主。客厅则是大部头的经部和诸子，包括属于子部的佛教如《藏要》、道教如《云笈七签》等书。卧室里也有一整面墙是书架，上面主要是史部著作，包括中华书局点校本二十四史。

钱教授和夫人刘青海教授都是古典文学方面的专家，所以他们很多书都是可以共用的。研究领域又都是宋前为主，所以，我问二十四史是不是相对来说用得少一点？他们说，不是的，像前八史就使用得很频繁。此外，文学史、诗歌史、文学批评史、古文论以及版本目录学等方面的著作，也都在卧室这面书墙上。

采访间隙，匆匆手绘"绿涛室"，钱教授题签手录陶渊明诗："形迹凭化往，灵府长独闲"。这种恬淡与闲适，让人羡慕。再抄录《绿涛室诗词集》中钱教授的《闲居绝句》，以飨读者！

细雨惜惜自闭门，陈编丛叠著新文。

六街车马杳然远，也是江南黄叶村。

绿　茶：很荣幸造访您的书房，可否先参观一下您的书房？

钱志熙：进门这一架子的线装书，主要是二〇〇五年和二〇〇七年，两次在日本东京大学教书时买的，很多是和刻本，也有一些中国刻本，主要是中国古典文学方面的古籍。同事在日本时买得更多，他那时还想带点钱回国，便舍不得多买（笑），现在想想有点后悔！

还有很少一部分，是从老家乐清拿来的，是我祖父留下的一些线装书。像《幼学琼林》，这个是晚清的版本。我祖父有好几个版本的《幼学琼林》。那时候农村人读书，说起来就是《幼学琼林》，说部则是《今古奇观》。这部《幼学琼林》，原来有四册，现在已经不全了，只剩下两册了。它可以说是少儿版百科类书，按照类书的体例，分为天文、地理、官职、亲属等，用联语的方式将其串联起来。从"混沌初开，乾坤始奠。气之轻清上浮者为天，气之重浊下凝者为地。日月五星，谓之七政；天地与人，谓之三才"开始，小时候也没有刻意背诵，而是净拣看着亮眼的联句读，还有那些有趣的故事的注释来看。

祖父虽然没有多少学历，但一辈子与乡间的秀才、生员在一起，在乡民的眼里也算是一个读书人，他也教过私塾和本乡的小学校，方圆十余里，见着他都称某某先生。四书、五经，子曰、诗云，都是读过的，也会写点格律诗。

绿　茶：那您的阅读启蒙很早哦。

钱志熙：事实上，我的早期教育主要还是来自父亲。父亲虽然只上过三年学，但对学习有浓厚的兴趣，他的知识和文化，主要来自后来的干农活与做小生意之暇的自学。父亲看的书，当然都是祖父所藏的，主要是些说部与蒙学类的书，如《精忠说岳全传》《今古奇观》《幼学琼林》《增广贤文》等，他后来之所以能写浅近文言的书信，替村人写分家及买卖房屋的文契，主要还是得益于农余的自学。当然他也经常向他父亲问字。

你看我这里还有一本民国版的《广注写信必读》，父亲大概预料到我以后会出远门，所以认为学会写信是必要的。他给我讲解这些尺牍，读了十几篇。不知道因为自己懒惰，还是父亲白天劳累，没有将这本《广注写信必读》学完。

父亲还给我讲解和背诵的另一种读物是明代朱柏庐先生的《朱子治家格言》。在我记忆中，他是很重视的，好几次用工整的中楷抄写，贴在墙壁上供我们背诵。他在讲解这篇格言文的时候，心得最多，完全是从教诲我们成人的意图出发的。

父亲去世那年，我回去把小时候读过的祖父的书收了一些回来，已经不多了。我祖父还自己抄了不少书，尤其是农村人拜佛诵读的各种通俗经文。自我记事起，看到他几乎天天在写字。他心很宽，谁问他借书都给。好多书都是有借无还的，所以没有留下多少。在我看来，我祖父本质还是一个农民，但不善生产，把家庭弄得很穷困，对我们最大的影响就是家里留下了几本书。

绿　茶：儿时的启蒙是否影响了您的人生方向和学术方向？

钱志熙：我是一九六○年生人，一九六六年小学一年级，一九七六年高中毕业，早期教育整整经历了十年"文革"，一九七八年考上杭州大学中文系。"文革"期间，教育基本上是一种瘫痪的状态，但是我读书的白石小学，还算是个完小（完全小学），老师也都是从比较正规的师范学校毕业的。后来就读的乐清中学，师资也比较正规，基本上都是杭大、浙师院、温师院（老的）这些学校毕业的。不过，那个年代读书没有任何负担，既没有考试压力，也没有升学的要求。后来选择走学术道路，现在想来跟小时候的阅读启蒙有一定关系。虽然小时候接触这些东西是囫囵吞枣，但上大学后发现，我比一般同学在文言文方面还是有一些优势的。

不过大一的时候，我感觉城里的同学们读过很多现代小说和外国小说，而自己以前读的东西太落伍了，现代小说只读过鲁迅的。那时候老家乐清的新华书店没有别的现代作家作品，只有鲁迅杂文集，就是那套白皮的单行本。记得上中学时，我还买过恩格斯的《自然辩证法》，读博士时的政治课上，还学这本书（笑）。总之，外国文学，除了几本苏联的小说，我差不多都不知道。于是，大学第一年恶补了大量外国小说和中国现代小说，比如茅盾、巴金等，都是大一时候读的。外国小说也跟着读，但是太多了，根本读不过来。

到了大二，我觉得不能再这么跟着读了，决定选择自己比较有特长的古典文学作为主要的学习内容。杭州大学在古代文学方面实力还是很强的。后来考研究生也确定为古代文学，我在杭州大学是唐宋文学方向，更偏向宋朝，硕士论文做的是黄庭坚。

之所以选择黄庭坚，有几个原因：其一是他的作品比较难读，我性格上比较喜欢啃一点难的东西；其二是那时候黄庭坚研究刚刚兴起，在此之前，黄庭坚是一直被批评为一种形式主义，认为他太过于注重形式。我们那一代做黄庭坚研究的有几位，除了我，还有南京大学的莫砺锋、四川大学的周裕锴等。

绿　茶：您的研究跨度大，从魏晋南北朝到隋唐五代，直至两宋，您是如何确定这些研究路径的？

钱志熙：到北京大学读博士时，我的方向是魏晋南北朝诗歌史，后来出版了《魏晋诗歌艺术原论》一书，是在博士论文的基础上修改成的。后来，还出版了《唐前生命观和文学生命主题》《汉魏乐府艺术研究》《中国诗歌通史：魏晋南北朝卷》等书。陶渊明是古人中我最服膺的，无论是人物还是艺术。谢灵运又有一种乡缘，所以魏晋南北朝作家中，陶、谢关注得比较多。我出过《陶渊明传》《陶渊明经纬》。又因为同仁们推我担任中国李白研究会会长，所以这几年在李白研究上投入也比较多。我导师陈贻焮先生是唐诗专家，他的《杜甫评传》影响很大，最近又出了第三版。陈先生是仁厚长者，"平生不解藏人善，到处逢人说项斯"，我受他的恩泽很深。他当年研究杜甫时，夏承焘去过他家，住了几天。有次提到自己可惜没有对杜甫做很多研究，我的老师就说这是夏先生启发他深入研究杜甫的，说这是他发自内心撰写《杜甫评传》的起因。这事他跟我说过好几次，在回忆夏先生的文章里也写过。有的人，明明受了人们很大的教益，甚至学问多是从前辈那里来的，成名后却不说。当然，也有人一个劲儿地攀附名流。学术界这类事或闻或见，多的是！可见我的老师是一个多么宅心仁厚、多么高尚的人！

我对两宋文学研究从杭大开始，时断时续。除了黄庭坚，还研究江西诗派、江湖诗派、永嘉四灵等，各派的代表人物包括江西诗派的陈师道，江湖诗派的刘克庄，永嘉四灵的徐照、徐玑、翁卷、赵师秀。当然，我更关注历代温州文人，像薛季宣、叶适、王十朋等，甚至近代的词学家夏承焘，都是我关心和研究的对象。

绿　茶：您怎么理解魏晋南北朝这个时代的文学？

钱志熙：先秦，是一个经典的时代，就是"六经"与诸子。这其中，按照我们今天狭义的文学概念，只有《诗经》和《楚辞》及传记文学的这一部分可以完全归入文学史。当然，古人的看法不是这样的，他们理解"六经"是文学的源头。章学诚、刘勰这些人，认为后来文人的文学都是从儒家"六经"中出来的。到了汉代，辞赋、乐府诗兴起，而魏晋南北朝文学，则是一个文人诗传统的确立时期。没有魏晋南北朝文学，就没有以后的唐代文学，没有唐诗的登峰造极，也没有后来宋词的繁荣，可见魏晋南北朝文学的重要性。当然，文学史像一棵巨大的树，像一条又宽又长的江，像连绵不断的山脉，都是连在一起的。

另外，理解魏晋南北朝文学，必须跟当时的思想和思潮结合起来，文学到了魏晋时期有了明显的独立性，尤其是魏晋时期主流的思想流派玄学和文学的结合，产生了玄言诗。这是魏晋时期独有的文学现象，当时的文人在社会上地位很高，文学在整个国家的社会生活中有着重要的价值和意义。

绿　茶：理解不同时代的文学，非得把它放在时代的背景下，您如何理解文学和历史的关系？

钱志熙：如果从大的历史概念来讲，文学也属于历史的一部分，所有东西都属于历史的一部分；如果从小的概念来讲，历史主要研究政治史、思想史、社会史、制度史、经济史等，而文学往往被从历史研究中拿了出来，文学史主要是从事文学研究的人在做。

我的研究就是把文学放在历史的背景下研究，研究作家群体的形成，像我的《魏晋诗歌艺术原论》，就提了文人群体的概念。文人群体是在社会层面逐渐形成的，它除了跟文学的发展有密切关系，也跟一定的社会制度、历史背景有关系。也就是说，在那个时代，是哪一些人在从事文学创作，是什么样的历史条件促成了这个文人群体的形成。

比如，魏晋时期，是门阀士族最兴盛的时期，门阀士族对魏晋时期的文学无疑起着关键影响，像前面提到的玄言诗，代表人物多出自门阀士族。还有我们非常熟悉的谢灵运、谢朓，也都来自门阀士族。在那个时代背景下，门阀士族的人可以说是文学的主流，或者是离文学最近的人。当然，下一层的寒素族，对文学的贡献也很大，甚至某些人更出色，如左思、陶渊明、鲍照这样的诗人。说到底，有时候想想，文学真的是"穷人"的事业。这个"穷人"是双重意思的。

说到文学与史学的关系，我有一个印象式感觉，觉得研究历史的人越来越不关注文学这一部分问题（从前陈寅恪、范文澜他们不是这样的），但我们研究文学的却不能不管历史。我经常跟学生们说，历史学家研究出来的历史成果是我们文学研究的基础。当文学史研究者进入历史去研究历史，其实有我们自己的一套研究方法。比如，我们关注文学家是如何生成的，这就是一个历史问题，但是这个问题历史学界的人不怎么关心，他们更关心国家怎么运作，制度怎么发展，以及重要的历史事件与人物。但中国古代重要的历史事件与人物，往往与文学密切相关，所以我们离不开历史研究。

绿　茶：的确，我好几位朋友原先是文学研究者，现在都以文学研究的方法研究历史。

钱志熙：我的研究，其实涉及思想史的部分比较多。一开始研究黄庭坚，就得研究他跟禅宗的关系。在我看来，中国古代的文学家，在某种意义上都是思想家。陶渊明、李白、韩愈、黄庭坚、苏东坡绝对都可以算思想家，你可以说，他们在思想创造方面可能没有程颐、程颢、朱熹他们那么突出，但不能不看到他们在思想甚至正式意义的"哲学"方面的深厚造诣。我最近写的关于李白佛学的论文，就尝试论证他在佛学方面的深刻领悟。

当然，这些问题跟现代学术的分流有关系。这种学术分流，其实是近百年以来逐渐造成的，学科分野越来越细，相互之间的融合就变得越来越难，也就无形之中造成了很多学科壁垒。比如说，一个文学研究者，他的论文就很难在哲学、历史类的学术刊物上发表。我总是让我的学生们，一定要打开视野，不要只是局限在文学本身。当然文学是我们的基本，是一个立足点，但要尽量能够学会处理文学和历史、文学和哲学、文学和其他各个学科之间的关系。

绿　茶：我看到，您书房中有很多温州的、乐清的乡邦书籍和文献，老家的文学和历史也是您重要的研究领域吗？

钱志熙：是啊，我一直关心家乡的文史。起点也许可以说是在温师专工作时，初步接触到了一些地方文献，但那时没有专门要研究的意向。二〇〇三年，我参加温州社科联主办的一场"温州学"研讨会，从那时候开始，温州历代文人也成为我的研究兴趣之一。这些年，温州的很多文史研究者，有在大学的，也有在其他机构的，共同研究温州文献。我在回乡参加相关活动的过程中，结交了很多家乡文史界的专家，也都是很好的朋友。

地域研究的兴起，是近年学术上的一个新现象。对此，我一直很重视。它和学院研究可以起相互影响的作用。我很希望温州的文史研究不要走到制度化里，应该抱着更开放的态度，极力扩大挖掘力度。并且希望将来能有一家"温州文献书店"，专门收集和销售温州乡邦文献，让更多文史工作者能从中获得便利，引发更多的热情和研究兴趣。

绿　茶：最后，可否请您分享一些学习古典文学的方法和经验？

钱志熙：好的。学习中国古典文学，最重要的就是"读作品"。
对于刚刚接触古代文学的人，可以先读一些流行的选本，
包括像《唐诗三百首》《宋词选》《魏晋南北朝诗歌选》
等，人民文学出版社比较系统地出过一套。通过这些选
本，对中国古代文学有了基本的印象和框架认识，然后
根据这个框架来读。比如，你觉得对苏轼这个人很感兴
趣，那就找来苏轼的集子读，慢慢地，比较系统地多读，
比如《诗经》、《楚辞》、李白、陶渊明……一路读下来。

现在人大多依赖于网络，想到一个作家，就上网搜他的
作品，不是说这样读不好，但网络上的版本通常有很多
错误，一定要小心。我的看法是，读作品，还是应该拿
着书读，读书和网上读，那种感觉还是很不一样的，尤
其是读古典文学。

一言以蔽之，学习古典文学就是要读作品，读经典，这
是硬道理。作品读得多了，然后再根据自己的研究兴
趣，尽量系统化。

（钱志熙　口述　　绿茶　撰写）

◆ 罗新书房 ◆

朗润园北大*史*小陋，典雅、恬静。罗新教授这间办公室兼小书房已经用了二十年，是读书和处理教学工作的理想场所，书架上有世界各地旅行照片、纪念品，还挂有一张拓魏碑片。

绘茶 壬寅年四月初一画

书房主人
罗新

北京大学中国古代史研究中心教授，研究领域为魏晋南北朝史和中国古代边疆民族史。著有《中古北族名号研究》《黑毡上的北魏皇帝》《从大都到上都》《漫长的余生》等。

罗新

只有观察现实，才能理解历史

时隔一年多再进北大，清晨的未名湖，没有熙熙攘攘的游客，清亮而幽静。我绕着湖走了两圈，一体、湖心岛、石坊、燕大原址碑、翻尾石鱼、花神庙、斯诺墓等，一路扫过，亲切而生动。转而深入未名湖腹地朗润园，北大中古史中心坐落于一处偏僻小院内，我在上学时曾多次走到门前，但没进去过，这是第一次走进这座别致的小院。

我忍不住在门口速写一张。往北第二进院，院落两边是一个个小屋，这里是北大中古史教授们的办公室。院内无人，扒着窗户看，想辨认哪个屋是罗新教授的办公室。每个屋里都是三面满满的书墙，仔细辨认大致能看出是谁的屋子，因为那些书架上的书有秘密。

其中一个屋的书架上，整齐码放着很多《唐研究》，想必这是荣新江教授的小屋。而李孝聪教授的屋里，能看到他的照片和名字。我惊喜于这样的"偷窥"行动。转到另一个屋时，我看到屋子里有位年轻人正在埋头读书，他可能没发现我的"偷窥"行为，我自觉不安，然后赶紧敲门，询问"罗新教授办公室在哪间"，这位年轻人并没在意我打断他读书，客气地说"隔壁就是"。这时候，刚好罗新教授走进小院，他告诉我刚才打听的那屋是阎步克的，跟我说话的应该是阎老师的学生。

罗新教授的小屋很整洁，聊天才知道，疫情防控期间，这里是他读书、写作、独处的地方，他这间小办公室兼书房已经有二十一年了，是他读书和处理教学工作的理想场所。经过一番打理，原先适合开会的办公室变成如今很舒服的小书房，里面有一张小书桌，还有一个立式平台，可以站着写作，有利于活动身体，活跃思维。小院里，罗新教授请办公室人员种上鲜花，春意盎然。

墙上贴着罗新教授在世界各地旅行和走访时的照片，以及在一些地方买的纪念品和版画。其中一张拓片特别醒目，这是北魏大臣郑羲为其母亲写的墓志铭。郑羲是北魏大名家，书法造诣很高。这个墓志铭还有一个特点，后半部分是《魏书》作者魏收写的铭文。魏收当时虽然比郑羲年轻，但他的才名很受郑羲看重，所以请他补了一段铭文。

我们就在罗新教授这间小书房，听他谈阅读、研究、旅行，以及历史与现实……

绿　茶：描述一下您的书房和藏书吧！

罗　新：我的书主要分布在几个地方：第一，现在住的家里，虽然没有正经独立的书房，但每个屋子都是书；第二，我原来牡丹园的住所，那里书太多了，搬家的时候，只带了少数正在用的书，其他都留在那儿了；第三，就是这个小屋，北大中古史中心，我的办公室；第四，还有很多书实在没地方放，便在学校里找了个地下室搁着。具体数量有多少没统计过。我没有藏书的任何冲动，价格对我没有意义，形式对我没有那么重要。我的书全部基于研究需要，都是用的书。虽然家里也有数量不少的线装书，那是前辈留给我的，只是那么放着，以后再找机会安置。

绿　茶：您办公室这个小书房真不错，中古史小院环境这么好，真是做学问的好地方。

罗　新：这个办公室已经二十一年了，我们中心的老师每个人都有这样一个小屋，有些老师主要是给学生用，或者在这儿见学生或上小课。我隔壁的阎步克一般不来，主要是学生在这儿读书、写论文。我过去也不来，直到去年疫情防控期，夫人、孩子都在家，大家都开电话会议、上网课，吵得很。有一天，我偶然到学校来，觉得学校好漂亮，空荡荡没有人，好像是记忆中从前北大的假期，突然感觉特别好。于是，我把这个办公室重新归置了一下，该扔的扔，该加的加，就成为现在这样，为了自己能在这儿待着。过去这一年多，这个小书屋对我是一个很大的安慰，不再是困在家里的感觉，而是有一个自己独处的地方。看书或处理跟教学有关的事情，这里是最理想的。

但做研究、写东西主要还是在家里，因为要用的书基本都在家。这里的书多为可有可无的，或者家里实在放不下了，都放在这儿，还有最近一年新添的书。我的兴趣比较宽，所以涉及的图书范围也特别广。这里放着的，能反映我最近一些年的兴趣。我自己的专业魏晋南北朝不用说，我对边疆、北方民族感兴趣，还有东北沙俄侵华史、中亚，以及突厥史方面的书，等等。

绿　茶：您的个人收藏能满足自己的研究吗？我刚才进门时看到，你们中心还有个北大图书馆中古史分馆。

罗　新：我的研究方向，基本上我自己的藏书加上电子版就可以满足了，所以我一般不去图书馆。唯一不可能具备的是那种基本大书，如《四库全书》一类的，现在有电子版，就更不需要去图书馆了。通史类的著作不是用来普通阅读的，有电子版就够用了。我们中心这座图书馆很好，有百分之四十的书别的地方是没有的。我有些重要的书，我知道图书馆没有，用完后通常就放到图书馆去。

从去年下半年开始，我就痛下决心，大规模地散书。《文物》《考古》《历史研究》这些杂志原来都是全的，现在都散掉了，太占地方了。当然，你看这里摆着很占地方的历年来参加答辩的论文，这就没办法散掉，得留着。很多书其实很重要，但已经不是我现在感兴趣的书，我也会陆续散掉，交给学生或捐给图书馆。

绿　茶：说到散书，我采访了很多学人，大家都有共同的感触，这是一个特别棘手的事情。

罗　新：是啊，散书这事，不能做晚了，得提前安排。我两个导师，田余庆先生已经去世了，他夫人还在时，我们希望尽量不要动田先生的书。去年，田先生夫人去世了，他们的子女加上我，就把田先生的书捐给了清华历史系。另外一位导师祝总斌先生，已经九十一岁了，现在觉得身体不好了，想要处理自己的书，家里孩子也不是搞这块儿的。他真是书痴，八十多岁还在买书，他老让学生去他家拿书。我有时候去看他，会塞给我一些书。

大部分学者的书，一般图书馆也都有，很难整体捐给某个图书馆。现在图书馆的空间也是大问题。我主张捐书时，可以让图书馆专业人员先来挑走他们馆没有的书，剩下的，卖也好送也好，能有适当的去处就好。总之，早动手一点点处理，总比最后想一锅端来得容易。

绿　茶：您的阅读路径是怎么样的？有什么特殊的学术机缘吗？

罗　新：我们这一代都是读《毛主席语录》长大的，没有什么特殊的阅读路径。我是八一级，上初中的时候，中国恢复高考。本科毕业的时候，回湖北老家工作了几年，后来又考研究生，本科读中文系，研究生才开始学历史。

从读书的角度来说，就是按传统的学习路径一路读上来的，那时候跟着老师学魏晋南北朝，就是把国内外所有研究著作合起来，这个书房应该就能装下了。读三年研究生期间，把魏晋南北朝期间主要正史都通读一遍。而自己的研究方向一定是具体的，比如十六国，或者其中的刘宋。这是吃着碗里的，但还看着锅里的，范围更大一些，涵盖魏晋南北朝，但也不能太大。

硕士时做的是南朝，博士时做的是十六国。工作以后，重点在北朝的北魏。接着深入到更北方去，接触到阿尔泰学，一下子又进入一个全新的世界，那个世界就不是我能够罩得住的啦，能力、知识以及老天给我的时间，都不足以对付这个庞大的知识体系，看一点是一点吧。这一部分的书比较难得，很难找到，也是费了很多年时间，一点点收集的。将来应该都捐给图书馆，因为这批书图书馆都不一定有。

比如，《突厥语大辞典》，是很不容易搞到的。这个书是哈佛大学借出来自己复制的，送给图书馆一套，自己留了一套。二〇〇〇年之后，我开始做突厥学，没办法，国内根本找不到相关书籍。我让人从哈佛大学借出来，印好了再寄回去，来回很花钱的。但现在我已经买到原本了，所以就把这套复制的留在这里。原本在土耳其买到的。土耳其的书店很厉害，他们大量从美国买突厥史料，很多书美国都没有了，土耳其还有。后来发现，在土耳其没有什么买不到的。

绿　茶：对您阅读影响最大的是哪个阶段？

罗　新：读书期间读基本文献，这都是必须做的，没什么可说的。让我感受到最愉悦的阅读阶段是本科毕业后工作，到考上研究生之前，这段时间的阅读很纯粹，就是读自己喜欢的东西。我当时在地方志办公室，把当时能看到的地方志都翻了一遍。

绿　茶：《从大都到上都》之后，似乎您在专业领域之外又开辟了全新的写作窗口，您怎么看当下的旅行写作？

罗　新：我有自己的专业，这是工作，但同时又有很多自己的兴趣，这些兴趣也许不一定会让我写相关文章或做研究，但我很愿意读。旅行，就是兴趣之一，对专业来说，其实是浪费时间，但我控制不住自己。我想每个人都有自己消磨时间的方式。我对各种各样的旅行书兴趣比较大，尤其是十九世纪的中亚旅行书。

近几年旅行写作多起来了。过去，旅行不是自觉的文体，是放在散文、随笔、游记系列中的。现在，很多人把旅行当作一种表达途径，成为自觉。像杨潇重走西南联大，就是一种自觉，他是为了写作去走的。

对于有良好史学基础的人，旅行或寻访这种形式是很好的写作方式之一，但对于旅行写作，依然不是主流。真正的旅行文学应该再往下一点，至少不能高于《重走》这样的。不能让人觉得你这个人读了好多书。现在很多年轻人，对历史没兴趣，对文学也没追求，但他们也在写旅行文学，这是很好的迹象。

没有旅行就不会有人类的今天，因为人从非洲走到了欧亚大陆，走到全世界，在任何条件下都有人在生存，这就是旅行的结果，穿破各种阻碍的结果。

绿　茶：你们历史学家都讲究"通古今之变"，您对这个问题怎么看？

罗　新：现在没有这样的学者，更多的都是教科书式的历史，这样的通史属于历史学的东西很少，更多都是意识形态的东西，属于政治学。在我自己的魏晋南北朝领域，也是一样，没有权威的东西，更多都是每个人做的那么一点很小的领域，而我们自己只能判断什么说法是我能够接受的，什么是我不接受、不认可的。总之，学得越多，就越发觉得没有什么权威，多半是人云亦云。

体察现实之后，才能思考历史。我相信古人的说法，老师的说法，但放在现实中观察发现，不是那么回事。遍地谎言，连数字都在撒谎。那我们古人是不是也是这样呢？一定也是这样的。那我们还能相信那些正史吗？

绿　茶：所以，那我们现在还能看什么呢？

罗　新：看现实，只有通过观察现实，才能理解历史。现实中我们怎么撒谎，每个人怎么撒谎，过去的历史也是一样，都是在选择性地说。这么多的书是怎么形成的？都是这样形成的。还是应该看我们到底对这些东西做了哪些分析，这些分析是有必要的。这点西方学者做得相对好些。他们几百年都在做这些事，我们才刚刚开始做。

历史教给我们自古以来就有多种可能。历史学家为了现实，为了未来而研究历史，为了确保我们走向期待中的未来，而不单单是出于嗜古的兴趣。历史学家把过去邀请到现实中来，以回到过去与过去对话的方式参与现实，保护我们的未来。

（罗新　口述　　绿茶　撰写）

◆ 刘仁文书房 ◆

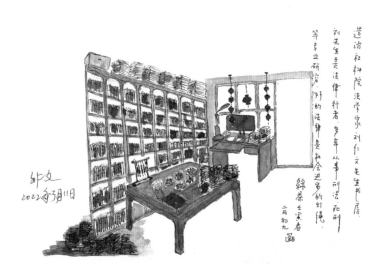

邵文
2022年3月11日

造访社科院法学泉刘仁文先生书房
刘先生是法律行者，多年从事刑法、死刑
等专业研究，所的法律是社会进步的灯绳。
韩羽 壬寅春
二月初九

书房主人
刘仁文

中国社会科学院法学研究所研究员，中国社会科学院大学法学院教授，中国刑法学研究会副会长，中国犯罪学学会副会长。著有《司法的细节》《死刑的温度》《法律的灯绳》《远游与慎思》等。

刘仁文

法学的发展，需要人文精神

认识法学家刘仁文先生很多年了，当时我正在一家报社编副刊，时常跟刘仁文先生约稿，他像一位老到的民国笔杆子，既给评论版写评论，也给副刊版写随笔，笔锋变化多端，常有惊人之语。互联网给传统纸媒带来前所未有的冲击，我也在报社服务七八年后离开，之后和刘仁文先生就少有联系了。

多年后，刘仁文先生在《同舟共进》杂志上看到我拜访很多文化名家书房的文章，便加了微信。刘先生问："那位'绿茶'是你吗？"就这样，我们重新建立了联系。很高兴这么多年过去了，刘仁文先生还记得我这个曾经编过他稿子的小编。

当时他正在外地出差，约好回京后一聚，去他书房坐坐。然而，疫情时时反复，这一约又过去了很久。刚好《方圆》杂志记者邀约探访书房，刘先生想起了我的邀约。约时间不如赶时间，就这么赶到一起了。那天刘先生上午和晚上都有工作上的安排，反复协调才有了那天下午难得的书房聚会。

刘仁文先生书房正如想象的学者书房一样，满满当当都是书，横着、竖着、摞着、码着，客厅、卧室，能放书的地方尽量多放书。作为刑法学专家，他的书房有着清晰的法律人阅读视界。在《方圆》记者涂思敏采访之时，我粗粗浏览了刘先生书房，以法律相关书籍居多，由于我不懂这个领域，只能望书兴叹，人类的书籍海洋何其之富，法律世界也有着如此书山册海，阅之不尽矣。

其实，刘仁文先生也是"杂食"阅读者，书房里历史、社会、哲学、心理学、文学等相关书籍也相当丰富，刘先生说，因空间所限，非法律类书籍主要放在了岳父母家。有一次，刘先生八十多岁的父亲来书房，说都是法律书不爱看，后来看到也有"四书五经"，老父亲才眼睛一亮，拿下来看看。为此，他从办公室又取回了部分非法律类书籍。可见，法律书籍对于一般读者而言，的确有一定距离。

正如刘先生所言，他年轻时是一名多愁善感的文学青年，梦想着成为一名作家而发愤阅读，没想到以全校文科应届生第一名的成绩考入了中国人民公安大学这样一所需要接受严格体能训练的准军事院校，而直接的动机仅仅因为公安大学是提前录取院校，可以多一个机会，当然也有当时风靡一时的福尔摩斯神探在潜意识中吸引着他。虽然人生充满偶然，但"阅读改变命运"在刘仁文身上还是得到了充分体现。在他之前，那个有一千多人口的湘西南小山村，新中国成立三十多年来一个大学生甚至中专生都没出过。尽管刘先生如今已是中国刑法学方面的著名学者，但回忆起早年的文学青年时代，那种朴素的情感仍然流露无遗。

访谈最后，我请刘仁文先生推荐五本刑法方面的经典书籍，他如数家珍，娓娓道来那些深深影响他学术思想的经典书籍。他认为，尽管世界变得越来越复杂，但还是要读经典，要从这些经典中找到思想的源头，得到思考的动力。

绿　茶：可否先请您分享一下早年的成长史和阅读史？

刘仁文：我老家位于湘西南的隆回县，和写《海国图志》的魏源是老乡，我母亲算是魏源那个大家族的，叫他默深公。我小时候去舅舅家拜年，都会去魏源的故居看看。隆回县虽然落后，但出过像魏源这样的大知识分子。特别到了我们上高中时，文学氛围非常浓，我们有一个以魏源的字"默深"为名的文学团体叫"默深文艺社"，还创办了自己的文学报纸《风卢报》，请冰心女士题写了报名。我当时算得上这个社团和这份报纸的活跃分子，也可以说是名典型的文学青年。那时候，学校发下来的作业本都被我用来写小说了，然后四处投稿，连收到一封《人民文学》从北京寄来的退稿信都有些抑制不住地高兴。

后来高考我考了我们全校文科生的应届第一名，被中国人民公安大学提前录取了。为什么选这个大学呢？一是它在普通志愿之前，多一个机会；二是那时候特别喜欢福尔摩斯，以为上这个大学还能顺便圆自己的文学梦。那个年代，中国人民公安大学的录取分数线是很高的。

文学梦到大学后还持续了一段时间。我在中国人民公安大学上大学期间，自己还悄悄报名参加了《北京晚报》的一个业余文学培训班，应邀到那个班来讲课的有当时名声很大的刘绍棠等作家，我也相继在校刊和外面的报纸上发表过一些小小说之类的作品。

绿　茶：您可以说是那个年代幸运的年轻人，读书改变命运在您身上得到了真实的体现。

刘仁文：是的，考上中国人民公安大学可以说是我人生全新的起点，之后被免试推荐到中国政法大学上了研究生。一九九三年到中国社会科学院法学研究所从事刑法研究工作，之后又在职读了博士和博士后，还到哈佛、耶鲁、牛津等多所高校做访问学者。不知不觉，从事法学研究和教学工作已经三十年了。

我刚参加工作那会儿，高校和科研机构似乎是冷门，很多年轻人要么下海，要么出国。社科院是一个冷清的科研单位，我刚从热闹的大学校园来到安静的研究所，当时觉得很孤单，于是用大量的阅读和写作来打发时间。那些年，我什么书都读，可以说读得很野，法律、政治、经济、历史、哲学等都看。也给《法制日报》《南方周末》《新京报》等众多媒体写专栏和评论。有时一个约稿需要一个晚上赶出来，常常一写就到半夜甚至天亮。

我三十岁以前就在《法学研究》《中国法学》这些重量级期刊上发表论文，现在发表的论文和各种文章几百篇了，独著、主编和翻译的书也有几十本了，但哪些能留下来，或者说接下来能否写出留得下来的东西，这是我近年来开始思考的。人生每个阶段都有每个阶段的内容，现在大量的社会事务和学术活动牵扯了科研的时间和精力，但我越来越感到，学者还是要以写出能留下来的东西为目标。

我现在看的书，主要是刑法学和犯罪学方面的专业书籍，但有时也会下单买一些非法律方面的书来翻翻。最近翻阅的一本非法律书是莫言的《晚熟的人》。莫言以前在《检察日报》工作过，我们俩还一起应邀给全国检察系统的文学爱好者讲过课。他这本书的书名之所以吸引我，是因为我觉得自己就是个各方面都晚熟的人。不过我也一直主张，一个人干什么事都不用怕起步晚，就怕不开始。

绿　茶：法律是入世之学，在现实的诱惑面前，您的学术理想如何落地？

刘仁文：你说得没错，法律是一门很入世的学科，要面对很多现实的诱惑和日常的事务，但在我心中，依然有一块理想的法学圣地，或者说学术理想。国外有一种模式，各个科研单位和高校都有"学术年假"，学者可以定期休半年或一年的"学术年假"，借由这个年假，学者可以完成很多自己的学术理想。我觉得国内高校和科研单位也要尽快建立这个制度。

美国的普林斯顿大学、麻省理工学院都没有法学院，但这些大学也有一些法哲学、法理学和法史学方面的学者。耶鲁是美国排名第一的法学院，美国的法律博士叫JD，耶鲁还有个JSD，前者主要是培养实务型人才，叫"法律博士"，后者则是培养学术型人才，叫"法律科学博士"，说明法学既有面向实务的一面，也有面向理论的一面。

日本也有类似情形。我有一年在日本参加学术会议，同时参加会议的两位宪法学教授，一个在法学院，另一个则在政治系，我好奇，就问他们，你们名片上都是宪法学教授，为什么分散在不同的学院？有什么区别呢？他们说，你这个问题问得好。法学院的教授，他主要是宪法教义学，而政治系的教授则把宪法看成政治学。

总之，法学具有鲜明的实践性，但光有实践也是不够的，如果没有人文精神，会导致一些机械执法。

绿　茶：您现在是著名的法学家，有媒体称您为"法学界的文学家"，在您看来，法学与文学有着什么样的联系呢？

刘仁文：古今中外，很多文学名著都取材于法律题材，像《罪与罚》《复活》《窦娥冤》等，都跟法律题材密切相关。法国在废除死刑问题上，文学界的很多人出来呼吁，影响力就很大，而且像加缪也写过《思索死刑》这样关于死刑的书。有很多文学家就出身于法学院，当然也有很多法学家出身于文学院，二者当然有不同之处，但归根到底，文学是人学，法学也是人学。

"法律与文学运动"和"法律经济学运动"是在二十世纪七十年代几乎同时崛起的两个交叉学科，二者之间有一定的矛盾，前者是要把法律往"人文学科"上拉，后者是要把法律往"社会科学"上拉，不过结果却不是谁吃掉谁，而是二者均获得长足的发展，这从一个侧面表明了法律的双重性：它既具有科学性，又具有人文性。

法学学者朱苏力介绍说：现在，美国一些主要的法学院都开设了法律与文学的课程；一批重要的有关这方面的著作相继面世，包括著名法学家波斯纳的《法律与文学》等专著。"法律与文学运动"已经形成了法律中（in）的文学、作为（as）文学的法律、通过（through）文学的法律以及有关（of）文学的法律四个分支。

虽然我国现在已有少数学者对法律与文学的关系表示出了兴趣，但作为一个系统化的学派却远没有形成，我想对此应给予更多的关注，无论是从丰富我国的法学理论，还是从改进法学研究的方法来看，都是必要的。

绿　茶：可否请您推荐五本刑法学和犯罪学方面的经典著作？

刘仁文：古今中外的好书实在是太多了，如果只推荐五本，第一本，我推荐意大利的贝卡里亚的《论犯罪与刑罚》。刑法学的关键词就是两个：犯罪与刑罚。这本书在我们专业内那是人人必读的，是绝对的经典。它的背景是欧洲启蒙时期，贝卡里亚在刑法领域发出了反对封建酷刑的呐喊，这个标志性的呐喊让贝卡里亚成为"近代刑法学之父"。他知识面非常广，运用很多科学知识，近代刑法的一些基本主张、原理、理念都在他这本书里有所体现。而且，他文采非常好，从头到尾读下来一气呵成，让人能感到作者那种思想的激情，让人读起来热血澎湃。这本书有好几个版本，商务印书馆"汉译名著"也收录了，由北京师范大学黄风教授翻译的，他是这方面著名的专家。

第二本，我推荐意大利人恩里科·菲利的《犯罪社会学》。刑法领域，有一个古典学派，也叫旧派，还有一个是新派。贝卡里亚是旧派的代表，主要是反封建，提倡人道主义，而菲利就是新派，他指出了旧派很多的不足，对犯罪原因做了全方位的分析，把犯罪的原因归结为社会原因、个人原因和环境原因。菲利有一个著名的观点叫"犯罪饱和论"，就是说，一个社会发展到一定程度，社会犯罪总量基本上是差不多的。这本书深深地影响了我的学术思想。这三则原因组合在一起，才会构成犯罪，缺少一个原因都不会导致犯罪。

第三本，我推荐法国的巴丹戴尔的《为废除死刑而战》。巴丹戴尔原先是巴黎的一名律师，后来当了法国的司法部部长，协助当时的总统密特朗推动了法国废除死刑。书中说，法国作为欧洲在人权方面熠熠生辉的国家，但也是欧洲废除死刑最晚的国家之一，这本书通过讲故事的方式，让我们了解，一个国家在废除死刑的过程中它的复杂性。我长期研究死刑，也出版了《死刑的温度》等相关著作。但关于死刑的书，我重点推荐这本。实际上还有加缪的《思索死刑》等，就不一一推荐了。

第四本，我推荐法国的古斯塔夫·勒庞的《乌合之众》。我们现在的犯罪就不是个人犯罪那么简单了，有组织的犯罪、恐怖主义、黑社会等，这些犯罪的危害性要比单个人的犯罪危害性大得多。这本书就是分析大多数参与犯罪的"乌合之众"，他们是怎么被卷入这些犯罪中来的。比如，德国这样一个理性的民族，为什么在纳粹时期会失去理性，被煽动起来，这本书帮我们深刻地解读这些问题。

第五本，我推荐英国法理学家边沁的《道德与立法原理导论》。边沁的书阅读起来有一定门槛，需要一些耐心，我最近在翻译边沁的另一本书《惩罚原理》。边沁的书都是涉及犯罪与刑法的根本性问题，法律和道德的边界在哪里？刑法介入的边界在哪里？怎么去惩罚？怎么去奖励？边沁还提出了一个巨大的"功利原理"，指出立法就是要追求最多数人的最大的幸福。

如今，司法案件层出不穷，变得越来越复杂，在这个时候，更应该回到刑法与犯罪的本源性问题去思考，还是要读经典。尽管时代发生了巨大的变迁，还是能从他们的思考中得到启发。

（刘仁文　口述　　绿茶　撰写）

◆ 商震书房·三余堂 ◆

夜晚、冬天、阴雨天是诗人商震的"三余"，故将书房名为"三余堂"。这是适合读书、写作的三余时间。三余堂里书多，到处是随手翻到、随意乱堆的书，喜欢这些有些乱的书房，原方公羊飞脆心谁是王二等诗集、诗都喜欢《三余堂散记》的随笔、更符合三余堂气质。

线茶·庚子春二月十三

书房主人

商震

诗人，曾任《人民文学》诗歌编辑，《诗刊》常务副主编。著有诗集《大漠孤烟》《无序排队》《半张脸》《谁是王二》《脆响录》等；随笔《三余堂散记》《蜀道青泥》《古道阴平》等。

商震

诗歌编辑的行与止

商震最重要的标签是诗歌编辑，其次才是诗人、作家、评论家等，他说孔子是中国最伟大的诗歌编辑，选编的《诗经》是儒家六经之一，按照这个统绪下来，诗歌编辑无疑可归入儒家正统，难怪他喜欢汉末儒家董遇的读书"三余"说，把自己书房命名为"三余堂"。

自一九九六年调到《人民文学》做诗歌编辑，直至二〇一二年调任主持《诗刊》，商震在《人民文学》工作了十二年。他说："那是由虚弱走向坚实，自卑走向自信的历程。多年做编辑，让自己懂得规范言行，心智不偏。业余写诗歌，让内心葆有童话般的情趣。"

退休后，商震像鱼儿回归大海一样，自在遨游，每天除了吃饭、睡觉，余下的时间都在读书和写作，近些年更喜欢以走读的方式书写历史。作为一名三国迷，他一直在三国主战场蜀道转悠，先后出版了《蜀道青泥》《古道阴平》等作品。

商震说自己从小对分行文字特别敏感，抄《千家诗》开始对诗歌感兴趣。青春期时，因为穆旦热爱上现代诗，但一直保持着读古体诗的习惯。他特别欣赏苏东坡的一句话："行乎其所不得不行，止乎其所不得不止。"行与止，不仅是编辑的操守，也是诗人创作的度。知其行而行，行到当止则止。

"三余堂"的书架是五条很厚的木板，没有隔断，这样可以放更多书，横七竖八地，那些精装厚书竖在那里，维持着书架上的秩序。二十多年编辑生涯，让他清醒地意识到，必须用广博的阅读增强自己对作品的判断力，大量地阅读理论、美学、哲学、历史、地理乃至军事、本草等。在《三余堂散记》中，散落着他的阅读记录和点滴思考。

不久前冒昧造访"三余堂"，打扰之余，顺便听他唠唠读书与写作那些事儿！

绿　茶：您的书房斋号"三余堂"，典出何处？

商　震：汉末儒家董遇说读书要有"三余"，即"冬者岁之余，夜者日之余，阴雨者时之余也"。由此推知，董遇是个北方农民，冬天，北方太冷，地里不能干活，在家读书；白天工作，天黑了就在家读书；下雨了不能下地干活，在家读书。我喜欢这"三余"，也想借此激励自己，就把书房命名为"三余堂"。

绿　茶：您的书房由哪些书构成？

商　震：我的书房分成四块。我妈那儿放着一批书，我太太在通州的工作室里放着一批书，我大女儿那儿也放着很多书，"三余堂"里还留着这些书。总量大概有两万多册吧。书房里的书，主要包括历史、地理、哲学、文学，当然也买过一些其他很杂的书，如军事、玉器等，还迷过一阵古典草本书。我读书很杂，这是多年编辑生涯养成的习惯，必须广泛阅读，以求更大范围涉猎。

绿　茶：退休以后，是一种什么样的生活状态？

商　震：上班的时候，读书自然不能断，毕竟要干编辑这活，必须不断精进自己。每期杂志从头看到最后一个字，绝对不能有丝毫松懈，一定要安全生产，不能让杂志社全体没饭吃。那时候是读得多，写得少。退休以后，没日没夜地写，我太太说你着什么急啊，天天写啊写的。我说，这么多年读书，积攒的东西太多了，一个劲儿往外冒，没办法不写啊！

绿　茶：看您这几年侧重历史写作，先后出版了《蜀道青泥》《古道阴平》，什么契机让您关注古道写作？

商　震：《三国演义》是对我影响最大的书之一，我对历史的兴趣，对古道的兴趣都受了《三国演义》的影响。而这些蜀道，是三国的主战场之一，我想陆陆续续都重走，都写一遍。《蜀道青泥》写的就是李白《蜀道难》中那条难于上青天的"青泥岭"，而书中我核心写的是杜甫入蜀的四次折腾旅途（长安到华州，华州到秦州，秦州到同谷，同谷往成都）；《古道阴平》中的阴平道，就是邓艾偷袭灭了蜀汉走的路，我心里对刘备的蜀汉总有一种牵挂，总想去探究这条充满罪恶，七百里无人烟的古道到底有多艰难。走了大半截，如今大概还有一百多公里是没有人的。

绿　茶：您是什么时候开始和文学产生关系的？

商　震：和父母有关。我爸爸毕业于北京外语学院，分配到鞍山做俄语翻译，后来又到营口工作。家里有很多书，营口老家"炕前柜"里藏了很多书。我读的第一本外国小说是苏联小说《毁灭》，竖版繁体的。我妈妈是演员，家里有很多唱本，有故事又押韵，这一类唱本我也读了很多。我爷爷是画家，他给我捡了很多小鹅卵石，摆字用。受家庭影响，我识字比较早，读文学作品也比较早。

很小的时候，我订了一份《儿童文学》，从第一期到不订为止，应该有上百本。这本杂志对我小时候的阅读影响很大。大概十岁出头，我读了《林海雪原》，是借的，第二天必须还，我就一天一夜看完了，把少剑波写给白茹的爱情诗抄了下来。

我对文字特别敏感，尤其是分行文字。我家有一本《千家诗》，很古朴的，雕版印的，爸爸让我抄下来，我就把《千家诗》抄了一遍。从那时候开始对诗歌感兴趣，甚至模仿着《千家诗》写点五言、七言，那时候也不懂平仄，为了学习平仄，后来买了好多书，像王力的《诗词格律》等，但读不懂。

高中之后，对新诗的喜欢从穆旦开始，之后开始读戴望舒、艾青、牛汉……但我的诗歌启蒙还是古典的，我现在还保持着读古体诗，每周一定要读一些文言文，不想丢掉文言文阅读。可以说，真正让我从古体诗跳出来的是穆旦，让我对历史感兴趣的是《三国演义》，让我对人性认识更清楚的是《基督山伯爵》。这些阅读让我和文学发生着冥冥之中的关系，最终干了几十年文学编辑工作。

绿　茶：前面您说退休以后，紧着写东西，有着奔涌而出的感觉，那么您现在有哪些写作命题、方向和路径？

商　震：每个人都渴望获得自由，但所有人又必须在一种规律里生存。如何在规则里获得更大的自由，以及规则与自由之间的冲突，是我写作很重要的命题。我写作主要有诗歌、随笔和小说，也都向着这个命题而写。

作为一名诗人，诗歌是我的写作常态，也是我最有把握、写作时内心最愉悦的状态；另外一种日常化的写作就是以"三余堂散记"为题的系列随笔；这些年，我又热衷于历史写作，尤其是古道系列，以走读的方式深入历史现场，在"问史"的路途中，联想、猜想和冥想。

而写小说也是内心早已有之的愿望。有人约我写一个"重读《古诗十九首》"的书，我发现叶嘉莹老师已经写了三本关于《古诗十九首》的书，没给我留缝，没法写了。但这方面材料我很熟悉，在梳理这些材料时，隐约觉得《古诗十九首》编者萧统这个人应该还有可挖的地方，于是又把萧统的材料梳理一遍，发现一个有趣的点。

萧统的一生有两个线索：其一，他曾经和一位小尼姑偷情。我去了红豆庵。萧统种的两棵红豆树，是怀念小尼姑的。其二，他爸爸晚年很不信任他，将他打入冷宫，两年不许出东宫。他三十七岁时死了。于是根据这些线索，我写了一本关于萧统的小说。一个皇太子和小尼姑偷情，不敢告诉他爸。按照皇家的规矩，这个恋情很要命，要杀头。这里的冲突，符合我想表现的自由和规则。这部小说在湖北《芳草》杂志全文刊发，人民文学出版社即将出版。

此外，这些年我一直在读东晋干宝的《搜神记》，准备就这个题材写一本书。魏晋是中国文学的转折点，玄学之风盛行，在那样一个动荡的历史时刻，文人们要么像竹林七贤一样隐居山林，即便很多在朝为官的，也普遍倾向"朝隐"。直至江左东晋政权，当时王导是宰相，干宝是王导的右长史，相当于他的大秘书。他写有一本《晋书》，被称为"良史"，而《搜神记》则从现实中退出来，写鬼神，显然是受了《山海经》的影响。《搜神记》中有几件事没有一定想象力是写不出来的——骗鬼——人把鬼骗了。我想解读干宝《搜神记》的心态和产生的环境——政治环境、经济环境和文学环境。

绿　茶：写作路径的拓宽，是不是跟您的阅读有关？您有什么独到的读书高招吗？

商　震：因觉自己知识的匮乏，就逼迫自己养成逢书必读的习惯，大有"补读平生未见书"之气概，号称"书到我手里，绝不会空置不读"。但近些年我改变了读书方略，有些书一翻就弃，有些书从快从捷，只有那些可读、可藏、可把玩的书，才在不大的书架上留有一寸之地。最喜读的书是能遣散胸中块垒，或能激发拿笔抒怀的书，以至于几十年来，我的枕边书依然是《道德经》《三国演义》等少数几本。

绿　茶：如果回到古代，您最欣赏哪个时代的诗人和诗歌？

商　震：刚写古体诗的时候，受大家影响，肯定说李白好，我也读了很多，他是天生的诗人。但按我对诗人的理解，杜甫对现实的表现力无人可及。第三个人是苏东坡。如果一定让我选出最重要的两名诗人，那就是杜甫和苏东坡。王维晚期到了辋川之后，我也很欣赏，大概可以排第三。

李白能不能排前五都不一定。

当然，我们不能局限在唐宋，历代都有了不起的诗人，比如屈原，他的精神力量也值得人感佩。诗人，首先得是人。其实，严嵩的学问我也很欣赏，但他是个大奸臣，我没法公开表扬他。但他的确厉害，诗词、文章都好。

有一次，诗人徐小斌问我："诸子百家，你喜欢谁？"我不假思索地说："庄子。"庄子确实是我的偶像，诸子百家时，大家都在抢话筒，都生怕自己的声音太小，庄子不干这事，只躲在陋巷读书著述。这份安静与寂寞让庄子的精神得到大自由，只有精神自由，才会写出大文章。《逍遥游》《齐物论》《养生主》……千百年来安慰了多少失意的文人。

绿　茶：如果让您只推荐一本书，您会推荐哪本？还是《三国演义》吗？

商　震：一言以蔽之，《诗经》。孔子是最早也是最伟大的诗歌编辑，他把西周至春秋五百年间三千多首诗歌选编成三百零五首《诗经》，可谓浓缩中的浓缩。虽然我们不知道孔圣人"毙掉"哪些诗篇，但留下的这三百零五首，为中国诗歌树立了伟大的叙事和抒情的传统，是汉语诗歌的源头和典范。

《诗经》不仅是诗，也是哲学，哲学论断大部分都是诗的派生品。所以，我主张学诗要从《诗经》开始。《诗经》中对生活现场的表现、灵性的飞升，至今都是诗人们学习的典范，所以，从《诗经》进入，才是"入门须正，立志须高"。

（商震　口述　　绿茶　撰写）

◆ 梁鸿书房 ◆

梁鸿老师隐居
书斋里的学者，
也是田野上的作家，
书斋与升走是她
我们的书写方式，
于是才有像《中国
在梁庄》父母等光正
的光》等汉语文学
中的独特作品。
今天，我们走去
她的书斋晌一眼。

绿茶 2022.2.29

书房主人

梁鸿

作家，中国人民大学文学院教授。著有《中国在梁庄》《出梁庄记》《梁庄十年》《外省笔记》《灵光的"消逝"》《神圣家族》《梁光正的光》《历史与我的瞬间》等。

梁鸿

我想霸占你的书房

书斋和田野是梁鸿老师写作生活的两翼，在书斋里享受纯粹阅读，感受内心思考的充实感；在田野间观察村庄生态，体味土地坚实的丰富性。

认识梁鸿老师应该缘于她出版的《中国在梁庄》，那时候我在一份书评刊物做编辑，读到这本书时大为惊喜，让我们看到广阔的中国大地上，乡村图景和真实生活的力量。编辑部在开选题会时，一致提议做封面策划。

在《中国在梁庄》之前，人们不知道梁庄，之后梁庄成为中国乡村的一个重要地标，尽管大家还是不知道它在什么地方。提到梁庄，就会想到梁鸿，就像提到高密，就会想到莫言，提到丁庄，就会想到阎连科一样。

贾樟柯的纪录片《一直游到海水变蓝》里，梁鸿作为四位出场作家之一，带着我们来到梁庄，看她曾经生活和成长的地方。梁鸿说："没想到自己的个人家庭生活会被放那么大，的确很不好意思。"不装也不演，做好自己就行，这是梁鸿在这部纪录片中对自己的定位。

而书房，是梁鸿个人生活的另一个私密空间，有着她的阅读趣味、思想底色、审美价值等方方面面的流露。梁鸿老师的书房宽敞而明亮，书架上拥挤而有序，一张宽大的写作桌挨着窗户横摆着，阳光洒在案子散落的书上，闪闪亮亮的。

我们的话题从"霸占你的书房"开始。梁鸿老师说："作为一名写作者，心里常常有一种紧张感。天啊，我一定得写那种不能让别人扔的书。"书房里的书，都不时处于取舍之间，有些书慢慢会被淘汰，有些书慢慢落满灰尘，虽然不常看，却是书房里不可少的一分子。

我不是刻意安慰，梁鸿老师的书，在我的书房里是绝对的"霸书"，不管是非虚构"梁庄三部曲"，还是小说《神圣家族》《梁光正的光》，或是随笔《历史与我的瞬间》，以及学术著作《外省笔记》等，始终牢牢挤在我家拥挤的书堆中。

今天，我们一起来看看梁鸿老师书房里，哪些书"霸占了她的书房"？

绿　茶：书房是写作者的精神空间，每个人都希望把书房打造成更符合自己舒适的状态，您如何规划和呵护自己的书房呢？

梁　鸿：多年来，我一直没有独立的书房，直到二〇一五年搬到这栋房子，才终于有机会为自己留出这么一个空间。有了书房，就像一个象征，一直渴望的阅读和写作空间终于有了，自然就特别精心地想把它塑造成自己最满意的样子。当时买房子后手里没什么钱了，但还是买了很贵的书架、书桌和沙发，总觉得必须这么对待这间难得的书房。等这一切置办好了，心里特别开心。

我们都是对书有要求的人。搬家之后，把书都堆在客厅，一点点往书房搬，按照自己的分类一点点上架，就像一点点建设自己的家一样。这样，书房里的书在心里就有了清晰的分布。当然，书永远在增长，有自己买的，有出版社或作家朋友们送的，慢慢地，书房里就放不下了，也慢慢变乱了。有时候找不到原来位置的一本书，就会很焦虑，会花很长时间一定要把那本书找出来，最终找着了不一定看，只是为了把它放回原处，心才放下了。

规划书房相对容易，优化书房其实更难。当我在做取舍时，也会在想，天啊，我也是名写作者，不知道别人会怎么取舍我的书，我的书能否在他们的书房被保存下来，而不是被清理出去。心里就会有一种紧张感，我一定得写那种不能让别人扔的书。所以，这种情绪也蛮好玩的，其实是内心深处一种潜在的督促。

我觉得写作是挺残酷的一件事情，我们都想写好东西，但你不可能写的都是好东西，而我们对自己又有要求，想霸在别人的书房里不被扔掉，这就让人很纠结，下笔时就有点担心。"我想霸占你的书房"，应该是对写作者最大的警醒。尤其是写小说，我觉得是最危险的事情。按说写小说应该是最有创造力的一种写作，反而读者往往并不珍惜这种创作。包括我自己，清理书房时往往也首选扔小说，你看我的书房里，留下的更多是理论、学术、历史、人类学等方面的书。

绿　茶：书房其实是很私密的空间，通过书房，可以看出一个人的思想底色、价值观等，扔掉的自然就看不到了，而留下什么，就透露出书房主人的秘密。

梁　鸿：对，对，书房的确是写作者很私密、很独立的空间。对我而言，学术是我的基础，我在读学术和理论书籍时，内心思考的充实感，以及沉浸其中的满足感是特别强的，是思辨的、智慧的，给我带来理性的深层之感。思想、哲学、文学理论、文学批评以及整个思想史方面的著作，对我的滋养是特别大的。

在硕士之前，都是散漫的阅读，或者说是学习化的阅读。直到读硕士、博士之后，开始系统地阅读理论、思想类的书，这对我的思想形成是非常重要的，我喜欢这种状态。内容包括人类学的，你看我书架上特别多列维－斯特劳斯的著作，如《面具》《忧郁的热带》等。这些不同类型的书，对我思维的交叉影响特别大。

虽然读了这么多理论书，但对我的创作思维，这些理论似乎没有真的渗透进去，这是我特别苦恼的。这可能跟我们这代人缺乏童子功有关系，我们的语言能力太贫乏了。尽管我们似乎可以用理论跟别人侃侃而谈，但真正到自己写作时，想把这些运用到自己的语言肌理中来，又非常困难。但这种持续理论阅读是必要的，关注最新的思想动态，关注最新的理论发展。我们读书的时候，福柯特别流行，我把他的大部分著作都读了，《规则与惩罚》《疯癫与文明》《词与物》《性史》《知识考古学》等都读了，对思维的训练还是有好处的。

对写作者而言，广阔的阅读是非常重要的。我是一个纯粹阅读享受者，很少去预设阅读会给我的写作带来什么影响，而是通过大量的阅读，形成丰富的积累，慢慢来，先享受阅读。也许有一天在写作时，那个东西就来了，但也许永远没来，但阅读的快感还在，思索的乐趣还在。阅读和写作的融入是非常难的，也许有些作家到晚年才能感受到那么一点点融入。

绿　茶：哪个阶段的阅读，或者说学术训练对您后面的研究和写作影响最大？

梁　鸿：无疑是在北师大读博士那段时间。那是一个相对单纯的读书生活，我学术时期很勤奋，博士生在图书馆里有自己的一个小隔断，每天从早到晚就待在那个隔断里读书，我按照作家一个个读过来。比如，托尔斯泰、陀思妥耶夫斯基、大江健三郎、劳伦斯……这么一个个读过来，把他们的书大致都读一遍，建构一种文学谱系化的阅读。

博士阶段广泛的阅读，现在想来特别好，毕竟那时候年纪大一些，有一定阅历，再来读这些大师作品和世界名著，理解和感受也不一样，而且自主性比较强，对我的认知影响更大，对我思维底色的形成也非常重要。

我教学生也都提倡他们在阅读时，要有文学谱系，知道不同作家在文学史中的位置，每个人在文学星空中处在什么点上，这是大量阅读带给你的，靠老师讲是不行的。而且，每个人通过阅读所构建出的文学谱系也是不一样的。

绿　茶：在您的底色中，中国、西方、古典、现代，哪个才是您的底色？

梁　鸿：我们这代人，中国古典的东西都比较弱，更多只是作为考试的必要。所以，我一直说童子功很重要。我们现在对中国古典文学的吸收能力比较差，即便读了很多，也很难形成底色。我们对古典始终处在学习状态，不足以融会贯通。而对于现代的、西方的，所有白话类作品吸收比较快。

中国古典文化太博大精深了，我们又没有经过完整的训练，但这块确实很迷人。我书房里有很多古典文学的作品，一直想完成这个功课。我写《四象》时，里面有很多《易经》的东西，当时也看了大量关于《易经》的书，但我不敢说我懂了，写完《四象》之后，也没有继续沿着这个研究走下去，然后就又放下了。

绿　茶：您在写梁庄时，一次次回乡，这种田野式的书写是一种什么体验？

梁　鸿：这是思想的一体两面。书斋的生活是必要的，享受在书
斋里阅读的过程，看着阳光慢慢地消逝。但十来年走进
梁庄，实践又是特别特别重要。在我思想的内部，跟真
实的生活或者真实的某一块的生活有一个非常直接的进
入。我觉得自己变得更宽容，对任何事物不那么急于判
断了。乡村生活是一个尘土飞扬的生活，你会看到中间
很多痛苦，很多现实，很多难以改变的东西，当然里面
也包括生命本身的形态，它会给你造成一个思维极大的
洗刷。所以，我很喜欢《出梁庄记》，这里面的厌倦、
羞耻、羞愧时时涌上来。这些厌倦和羞愧，使得我不断
洗刷自己，不断塑造自己，对我思想的生成、情感性和
对待生命的态度特别重要。

而二〇二一年新出的这本《梁庄十年》，别人都觉得切
口小了，轻了，但我自己反而特别欣喜。我觉得从外部
整体的梁庄、事件性的梁庄开始进入日常的梁庄，这是
我十年走下来的结果。这是一个行进中的写作，一个真
实的写作，比如和五奶奶在一起聊天，聊女性，聊她的
生活，这是非常日常化的，非常小，却一点点变得更扎
实的过程。我跟梁庄人的关系更近，更自在了。

虽然这三本书里好像这本书最小，但这个变化太有意义了，我真的在身体力行，在不断走进梁庄，我的思想情感真的和这片土地开始一致、融合，突然有一个特别大的愿望，特别特别向往在这个村庄里边住下来，听到那个落叶，看植物生长，就变成一种真实的渴望。

绿　茶：河南这片土地，是您写作的源泉，您是如何从中汲取营养并转化为写作的？

梁　鸿：河南这片土地太贫瘠了，所有人都在为生存而挣扎，所以河南作家像阎连科、刘震云、李洱、刘庆邦等，写的都是如何活着，但他们作品中那种坚韧的、宽阔的东西更多，民族啊，历史啊，大地啊，等等。

河南作家作品中那种幽默感，也是生存艰难条件下的一种智慧，一种自嘲的方式。到河南农村，你会发现每个人都是自嘲大师，听他们说话真能把人笑死。河南作家的写作气质跟这片土地的整体生存样貌是有很大关系的。每一片土地都有它的丰富性，而作家是能发现这些丰富性的一群人，并且能把这种丰富性透过作品表现出来，尽管不一定是全部。

我就是在梁庄发现和汲取这种丰富性，尽管这是一片贫瘠的土地，但依然有汲取不完的创作营养，而且那种丰富性似乎源源不断地在向我涌来。梁庄会成为我写作中一个不变的命题，只要我还在，就会一直和这片土地产生关系，并且形成越来越紧密的联系。

从创作角度来说，梁庄是一个不断修正和学习的过程，过往的思想和认知都参与进来，阻碍或帮助你去塑造一个村庄、一种生活。必须承认，写完三本梁庄，使我重新获得学术研究的勇气和信心，也重新感觉到它内在的意义和尊严。

绿　茶：最后，可否给我分享一些您书房中的书，以及珍视的理由？

梁　鸿：社会学、人类学、历史学和文学有着微妙的相通，都是以"人"及人类生活为基本起点，展示其特征和内部的关联方式。我一直偏爱阅读这几类书，不仅获得了关于历史的实感，还有文学的趣味。简单分享几本：

《忧郁的热带》列维－斯特劳斯　著
人类学的诗性作品。诗与真的完美结合。文学叙事达到了人类学的穿透力和结构性。

《叫魂：1768年中国妖术大恐慌》孔飞力　著

以扎实的档案资料，从"叫魂"这一生活现象入手，讲述贩夫走卒和普通百姓的思绪来源，对所谓的"乾隆盛世"进行分析。书中提出一个基本问题："盛世"在普通人的意识中究竟意味着什么？

《王氏之死》史景迁　著

以追寻小人物的命运轨迹为核心，以蒲松龄的小说为纲，对清初整个社会的风俗、人情、经济和情感状态进行考察。极其文学化，同时又有严谨的资料考证。

《乡土中国》费孝通　著

对中国乡土社会的基本形态——社会格局、伦理形态、性格特征——进行了非常精准的概括和总结。直到今天，它依然是理解中国社会和中国人性格的一本重要参考书。

《瘟疫年纪事》丹尼尔·笛福　著

以非虚构的方法，通过虚拟的资料、数字和人物，塑造"真实"和"现场"，以重返瘟疫的内部场景。这是一个非常好的写法，或可称之为"虚拟非虚构写作"。

《儿子与情人》劳伦斯　著

关于矛盾人性的伟大叙事。和《查泰莱夫人的情人》的昂扬清新、富于批判性不一样，这本书沉郁并有凝神的意味。第一次对"爱"产生质疑，原来"爱"里面也包含着黑暗和残酷。

（梁鸿　口述　　绿茶　撰写）

◆ 张翎书房 ◆

旅加温哥华作家张翎老师她的作品中有很多乡情读来倍感亲切。
绿萦庚子夏六廿三

书房主人
张翎

旅加作家。浙江温州人。著有《流年物语》《余震》《金山》《雁过藻溪》《劳燕》等。电影《唐山大地震》根据其小说《余震》改编，获得多项国内外电影大奖。

张翎

故乡是取之不竭的灵感源泉

张翎老师是我的温州老乡，她很多作品以温州为背景，让人读来
倍感亲切。比如，《雁过藻溪》，书中出现的藻溪、金乡、平阳、
鳌江、灵溪……这些地方是我成长中再熟悉不过的地标。在读的
过程中，书中的人物在眼前晃来晃去，有着生动的画面感。

疫情前，张翎老师经常回国，有时候因为新书出版回国宣传，有
时候回温州老家探亲。她先生是北京人，所以每次回国，温州和
北京是她一定要去的地方。来北京，我们"六根"总要邀请她来
参加六根饭局，有聊不完的天。

有一年，张翎老师应老家温州大学之邀做驻校作家，在温大有很
多和学生交流的活动，当时我正回乡探亲，应张翎老师邀请，参
与她给中文系学生们做的"《劳燕》分享会"。这本同样以温州为
背景的抗战小说，我读了不止一遍，对这片乡土在抗战时期所经
历过的往事有一些更深的认识。

我也问过父辈，他们在抗战时期经历过什么？爸爸说，他还小的时候，有一天，爷爷奶奶带着全家十好几口人，从鳌江镇搬到乡下一个很偏远的乡村，躲避飞机轰炸。我就出生于这个遥远的乡村，等我长大后，我们全家又陆陆续续搬回镇上住。

张翎老师如今旅居加拿大，主业是一名声音康复师，但创作量惊人，已先后出版了五六十部作品。张翎老师说，故乡是她取之不竭的创作源泉，哪怕小说背景不发生在温州，故乡也是她每部小说的灵感落点。

绿　茶：老乡好，可否请您谈谈温州时期的求学生涯和个人阅读史？

张　翎：我在温州的求学生涯正好处在"文革"中，十六岁就辍学参加了工作。我少年时期接受的教育是非常不健全的。那时虽酷爱读书，但是手边可以拿到的书极为有限，除了四大名著，就是零散的几本在社会上流传的与革命史密切相关的中国小说和苏俄小说。应该说我的阅读史基本是在离开故乡上大学之后才开始的。

绿　茶：温州，在您的人生和写作中无疑占有很重要的位置，也是重要的文学营养之一，像《雁过藻溪》《劳燕》《空巢》《玉莲》等，可否谈谈您的乡土观？

张　翎：正像十月文艺出版社的总编韩敬群所说："一个没有离开过故土的人是没有故土的。"乡土的概念只是针对离人而言的。一个人不可能像孙悟空那样从石头缝里出生，他总是需要有一种类似于根的归属感。温州对我而言是让我产生"根"的幻觉的地方。我之所以说"幻觉"，是因为从地理意义上来说，温州早已不是我度过童年、少年的那个地方了。但从文化意义上来说，它是世界上唯一可以带给我"定位"感的地方。对温州的回忆充填着我每一个没有被事务占满的脑空间，它成为我小说取之不竭的灵感源泉，它也是我每一部小说灵感落地的地方（无论小说本身是否发生在温州）。

绿　茶：复旦时期对您的人生有着什么样的影响和改变？比如，阅读方面、文学方面。

张　翎：去复旦上学是我人生第一次独自离开故乡，也让我第一次有了"故乡"的概念。我第一次接触到那么多不是乡人的人，第一次见识到温州之外的文化习俗。在复旦求学时有过一些并不那么愉快的经历，但总体来说，复旦外文系开辟了我阅读的大门，把我原来单一语种、单一题材的贫瘠阅读经验，渐渐扩展到可以用两种语言阅读各种世界文学作品。现在想起来，那四年的求学经历对我的碰撞和启蒙意义非凡。

绿　茶：您的文学启蒙源于何时？什么契机让您选择成为一名作家？

张　翎：这个问题很多人问过，我似乎很难准确说出最初的文学启蒙点。我小学、中学的教育基本都是在"文革"中完成的，人文底子很贫瘠。但从我稍稍记事起，就对文学和写作充满好奇和兴趣，语文课和作文课从一开始就是我最喜欢的课程。尽管我的文学梦想是经过了几十年的困顿挣扎才得以实现（其中有政治、社会、谋生等各种原因），但成为作家是我从小到大坚定不移的人生目标。阅读在其中起的作用是复杂的——书籍是我汲取文学营养的一大源泉，但同时阅读也把我推入对自己写作的失望（甚至绝望）之中，因为越多地深入世界文学库藏，我就越感觉自己离一个好作家的目标非常遥远，遥不可及。

绿　茶：书房是每位读书人、写作人的精神角落，您是如何构建自己的书房世界的？

张　翎：我的书是在几十年不断搬家的过程中留下来的一些难得的纪念品。在长达二三十年的时间里，我曾经处于相对漂泊的状况，在多个城市居住过，经常搬家。我的书是一路走一路丢的。我并未特别在意过书房的构建，直到这几年我才有意识地对现有的书进行归类整理。我的书房也是我的办公室、我的写作空间，所以我对这个空间的考虑，更多的是放在采光、安静程度、冷暖合宜这些较为实用的方面上。我希望这个空间是家中自成一体、最少受到打扰的地方。

绿　茶：作为华裔作家，您的书房里，中文书和外文书大概是什么比例？

张　翎：我的藏书大致分为两大类：资料、工具型和文化营养型。按语种划分，中文书大概占三分之二，英文书占三分之一。但从作家国籍划分，外国作家占的比例较大，因为中文书中有许多是各种语言原著的中译本。

绿　茶：您的阅读史和写作史中，哪些作家会持久地留在您的阅读列表中？

张　翎：现当代中国作家可能会有鲁迅、沈从文、丁玲、萧红、张爱玲、余华、阿城、莫言、王安忆、张炜等；外国作家有海明威、马尔克斯、纳博科夫、卡尔维诺、君特·格拉斯、萨拉马戈、阿摩司·奥兹、萨尔曼·拉什迪等。这些名字是随意泛上心头的，没有经过认真思考，既不全面也不完整。

绿　茶：您的文学和思想底色来自哪些方面的影响？有没有具体的代表人物或作品？

张　翎：很难定义哪一名作家或哪一本书具体在哪一方面影响了我，但我读过的每一本书都有可能在某一点上影响了我。最近我反复读过的作品有《爱和黑暗的故事》（阿摩司·奥兹）、《午夜的孩子》（萨尔曼·拉什迪）、"祖先三部曲"（卡尔维诺）、《铁皮鼓》（君特·格拉斯）、《乞力马扎罗的雪》（海明威）等。

绿　茶：听说您刚刚写了一本英文小说，可否谈谈这部小说，以
　　　　及为什么选择用英文写作？

张　翎：这本书的题目是 *Where Waters Meet*（暂译《水相连之
　　　　处》），以温州为背景，也是写战争和社会变迁带给人的
　　　　记忆和创伤的，可以视为《劳燕》的姊妹篇。这本书得
　　　　到了加拿大国家和安大略省两级的艺术基金。新近刚刚
　　　　签署了这部小说和《余震》英译本两本书的"联体"合
　　　　约，目前定下的推出日期是二〇二三年。

　　　　选择用英文写作的原因是多重而复杂的，其中之一是想
　　　　在这个年龄段给自己一个新的挑战。从中文到英文，不
　　　　仅是换了一个语种，而且也是换了一种思维模式和文化
　　　　氛围。写了二十几年中文小说，现在转到英文创作，从
　　　　遣词造句到结构布局，是两种很不一样的经历。这个过
　　　　程刺激着我，让我感受到一个人的可塑性其实远比自己
　　　　想象的要大。

绿　茶：您会关注和书写当下席卷全球的这场大瘟疫吗？

张　翎：这场旷日持久的瘟疫波及全球，在我居住的多伦多城里，

我们已经经历了五波疫情高峰，数轮社交限制令。疫情修订了词典，改变了审美，重新定义了人际关系，没有人能逃得开。我最近的一部中篇小说《疫狐纪》(《北京文学》二〇二二年第五期)，讲述的就是发生在多伦多的一个疫情故事。

绿　茶：您如今生活的加拿大，是什么样的文学土壤？海外华文作家有自己的文学圈吗？

张　翎：我有寥寥可数的几位同温层朋友，我们可以谈得很深。海外作家有很多个文学圈子，生机盎然，充满激情。但我基本上是一个独行侠，习惯于独处。

绿　茶：无缘造访您的书房，想请您分享几本书房里最"宝藏"的书。

张　翎：我很羡慕那些拥有珍贵的孤本、善本书的藏家，但我自己的书架里没有什么特别值得夸耀的"宝藏"。如果一定要挑一本特殊的书，可能就是集莎士比亚所有作品成一体、带插图和注释的《莎士比亚全集》烫金本。这是一位朋友在一家古董店淘来送给我的。它占着书架的一个特殊位置，但很惭愧，这样的书一个人很少会真的拿来阅读，它的价值更多是在观赏上。如果非要再找一样可以略微夸一下口的，大概是一些作家签名本。其中有齐邦媛的《巨流河》、哈金的《等待》、陈若曦的《坚持·无悔》等，都是作家亲自赠予我的。

（张翎　口述　　绿茶　撰写）

◆ 鲁敏书房 ◆

书房有不同的功能，有些私密，有些开放。

鲁敏老师这间小书房，平日里主要还是会客聊天、赏花、看风景……她还有一间用于读书写作、更私人空间的书房，那里有很多书，以及源源不断的的事件索和此起彼伏的创作。

绿茶 庚子春

书房主人
鲁敏
———

作家，江苏省作协副主席。著有《金色河流》《六人晚餐》《奔月》《梦境收割者》《虚构家族》《荷尔蒙夜谈》《墙上的父亲》等。

鲁敏

我的幸福就是别人的书房里摆着我的书

认识鲁敏老师，首先是通过她的作品。记得读过一篇《墙上的父亲》，我被那股深沉而持久的爱折服，可能因为是男性，是父亲，很容易因父爱共情。之后，《此情无法投递》《六人晚餐》《奔月》等作品陆续挤入我家书房，拥有独立的阅读时光。

后来在老乡作家张翎老师的引荐下，和鲁敏老师互加微信，默默关注她的公号"我以虚妄为业"，这个公号名也是她随笔集的书名。我不是典型的小说阅读者，更喜欢读鲁敏老师的随笔，尤其是读书随笔。她是那么投入的阅读者，也是那么细致的分享者。

所以，很想找机会造访鲁敏老师的书房，而一次又一次滴水不漏的南京之行计划，在突如其来并再三再四的疫情下，漏得滴水不剩。我只好通过微信要来鲁敏老师书房的靓照，先画为快。舒适的藤椅、整齐的书架、讲究的墙饰，以及阳台上茂盛的绿植，真是我心中理想书房的样子。

小画一旁，我写了几个小字："书房有不同的功能，有些私密，有些开放，鲁敏老师的这间小书房，平日里应该是她会友、聊天、赏花、看风景的地方，她还有一间用于读书、写作，更私人的书房空间，那里有很多书以及源源不断的故事线索和此起彼伏的创作。"

借由鲁敏老师新作《金色河流》出版，再次"微窥"书房，听她讲述新作的缘起、文学的营养和理想书房。鲁敏老师诚恳地说："我希望别人理想的书房里，能够放着我的书，不管那是个小书房、乱书房或随便什么书房，对于写作者而言，自己的书能进入别人的书房，才是我最大的理想。"这个说法我深为认同，她的书都妥妥地霸住了我的书房。相信每位写作者，都希望自己的书在别人的书房里有更好的待遇。

绿　茶：鲁敏老师好，一直追看您的作品，刚刚收到您的新作《金色河流》，还没来得及拜读，可否先请您谈谈为什么会写这样一部关于创业者、企业家的故事？

鲁　敏：《金色河流》这部作品写了三年，但其实准备期要更长，那时候还没有微博、微信，每天的信息来源主要是报纸，我就从那时候开始做了很多剪报，这些剪报现在都已经发黄发脆了。我剪了很多关于第一代企业家的故事。

其实企业家的背后就是金钱，人天性里对于金钱，对于暴富，对于财富，会有一种天然的敏感。我们中国在古代的话本、传奇、戏曲中，都会写到金钱和财富，比如有一个员外或者财主，然后在他身上发生了很多因果关系，这种逻辑的叙事，就是我们茶余饭后，或者八卦时间里最常被提及的人和事。财富一旦集中到一些家族或者某些人身上，关于他的因果报应、为富不仁、精明狡诈等，对于这种物质创造者或者财富拥有者，在文学或戏剧审美里会有一些固定的看法。

我一直跟踪这个主题，我觉得这一代的物质创造者身上，其实有很复杂的人性的构成。这几十年来的物质进步，娱乐方式的进步，效率的进步，生活方方面面的进步，都跟这些物质创造者有关。而我一直处在文学的行业，对非物质的文化更为敏感，并且认为精神的流传更有价值。但是对于物质创造者，他们对这个社会的贡献，作为写作者，我觉得还是可以用望远镜中的另一只镜筒去看到他们。

这部作品主要想写这一代创业者、物质生产者，他们的精神世界，他们的困苦，当然也包括他们快要离去的背影，因为这一代创业者如今差不多都七八十岁了，到了快离开的时候了。但他们的离开必然会流传下很多东西，所以我认为这种流传，带有物质和非物质两个层面的意义，可谓是一代又一代的延绵和接力。

所以，《金色河流》是我作为一名文化生产者，对于物质创造者的致敬和书写，跟我以前的作品还是挺不一样的。对这部作品我还是蛮自豪的，我终于写出了这部准备了很多年的作品。

绿　茶：作为七〇一代，您的个人阅读史是什么样的路径？

鲁　敏：我来自江苏北部的乡村，苏北还是有那种耕读传家的传统，哪怕我是农村的孩子，家里还是有重视教育的传统以及自我的要求。我外公订了《民间文学》，舅舅和舅妈是老师，他们订了《外国文学》，我妈妈也是小学老师，订了像《雨花》这样的文学杂志，她还给我订了一些少儿杂志，比如《少年文艺》《作文通讯》之类的。我小时候就觉得家里人整天都在看书，看杂志，这是我的一个幼年阅读记忆。

初中毕业以后考到南京来读中专，我上的那所中专叫邮电学校，虽然规模不大，但还是有一座不大的图书馆，书不多，所以我是按照书架来读的。我到现在都还收着那个时候做的读书笔记，好几大本，自己还写了编号。读了什么书？什么时候读的？花了多长时间？等等。大量的中国名著，西方十九世纪以来的名著，都是那个时候读的，同学之间还比赛阅读。比如，当时读过一本特别厚的书，是法国作家欧仁·苏的，叫《巴黎的秘密》，印象中有七百多页，同学们就比赛，看谁花的时间短，又能够很熟练地说出书中的情节。又如读《基督山伯爵》，我就喜欢做那种人物关系图，梳理它有几条复仇线，等等。

毕业后进入邮局。邮局看起来是非常朴素的行业，但是任何一个行业里面都有藏龙卧虎的人，在阅读上、文学上，渐渐地，也有了一些气味相投的朋友，相互也会推荐好书来读，再之后慢慢认识了更多写作的人、做文学研究的人，等等。

总体而言，我的阅读路径是从乡野到非高等教育的中专，再到一个行业，就是非常社会化的一种路径，是那种杂糅的、野草式的构成。

绿　茶：您的文学启蒙是什么时候？什么契机让您选择成为一名作家？

鲁　敏：对我的文学启蒙影响比较大的是法国作家丹纳的《艺术哲学》，当时我在邮局做营业员，我的抽屉里总放着这本书，顾客不多的时候，就拉开抽屉看一会儿。它是傅雷先生翻译的，傅雷先生的译笔特别好，像我这种基础不太好的，也能读得津津有味。

丹纳写得比较清晰，结构也非常好，主要讲述艺术的诞生和它所处的环境之间的某种逻辑关系。读了以后就觉得，这个世界上能有艺术这个东西，那是多好的一件事情，我就在想，将来如果能够选择职业的话，特别想从事跟艺术相关的。自那以后，我的阅读主要就围绕着艺术、哲学、文学、心理等方面展开。

绿　茶：书房是每位读书人、写作人的精神角落，您是如何构建自己的书房世界的？有什么规则或个人取向？

鲁　敏：我的书房也没有什么特别不一样的，就是自己的一个小窝，当然其精神寓意是有的，但从物质层面来讲，书房的确会给人一种美感。比方说，如果拍张照片，在书房里面拍照片，怎么着都觉得特别合适，所以我认为书房除了具有精神寓意之外，还有一种视觉上、心灵上的安抚作用。我的书房，主要就是我工作的地方，就在那儿写东西，这个氛围是比较亲切，比较舒适的。

绿　茶：很好奇您的书房成长史，哪些书会进入您的书房？为什么是这些书而不是那些书？

鲁　敏：我的书房成长史很简单，就是把喜欢的书留下来，不喜欢的书，通过某种方式处理掉。不过现在又多了一种情况，就是有大量的赠送图书。赠送图书其实是一把双刃剑，它会有点削弱你对新书的敏感度和自我遴选的主动性，因为这些书是投食过来的，要引起一点警惕，避免这种"图书茧房"把你包住了，还是要从中进行再次遴选，什么书应该读一下，什么书可以放一下，这些书现在也成了我书房中的一部分，但我比较谨慎，我另外还有个地方堆放这些书。

绿　茶：分类清晰的书房，的确给阅读带来很大的便利，也能更便于规划自己的阅读格局。

鲁　敏：我书房里的书，文学书量比较大，所以就按国别来归类，比如美国的书放一堆，欧洲的书放一堆，再把西班牙、葡萄牙等西葡语文学挨一块儿。此外，还有一些小分类，比如剧作、文学评论、心理学等，因为量不大，都会有专门的格子来摆放。

我给自己制定了一个书房小游戏，读完的书竖起来放，没有读完的书横过来放，每一栏都会有这样的书，每一排每个国家的每个类型的书都会这样，我就能很清晰地知道哪些读过，哪些没读过。闲的时候想读一本老书，就到竖着的书里找一本再读；如果想刷一本新书，就从横着的书里找一本来读。

绿　茶：回想您的阅读史，哪些作家会持久地留在您的阅读列表中？

鲁　敏：我其实是有点儿喜新厌旧，就是有一点儿阅读强迫症，所以我书房里新作家的书比较多。在我的阅读列表里，比如像美国作家冯内古特，他的书我会经常读，他是我很喜爱的那种类型的作家，特别有创新性；麦克尤恩也是我跟踪性阅读的作家，他是比较稳定的作家，他的新作国内翻译引进了很多，所以我就会跟着读。

大多数自己喜欢的作家，会一直读，比如哥伦比亚作家马尔克斯、阿尔巴尼亚作家伊斯梅尔·卡达莱、加拿大作家玛格丽特·阿特伍德、捷克作家米兰·昆德拉、德国作家马丁·瓦尔泽等，都是我阅读列表中的常客。又如，石黑一雄，我也会关注并且阅读，他不见得是我最爱的，但他是一个创作力非常旺盛的作家，我觉得应该去研究研究他的路径。

这个阅读列表列出来就会很长，跟读作家其实很舒服，就像路标一样，你跑一段便有个路标，再跑一段又有一个路标，就像一个老朋友一样，过几年跟他见见，过几年他又带来一个新的东西，这种愉悦就是阅读最大的魅力。

绿　茶：您的文学营养或者思想底色来自哪方面的影响？有没有具体的代表人物或作品？

鲁　敏：我的文学营养，有好多的构成，就像吃那个五谷杂粮，否则不会构成一个相对健康的文学观，或者创作观。所以，我的营养来自文学前辈、文学大师、文学同行，世界各地的各种文学，为我提供了一个非常杂糅的营养，我希望能够见识更多的风景。

另外，我平常也读一些社会学、人类学、心理学、艺术等方面的书籍，这些跨界的作品对我来说也具有很多的营养成分，这些有专业知识背景的人写的文学性色彩较浓的非虚构，闪耀着人文、专业和理性等多重光芒，对思维训练也颇有影响。

绿　茶：您对书有占有欲吗？您有专属自己的"秘密书架"吗？

鲁　敏：有点儿占有欲，尤其是自己读过并且喜欢的，我就不太舍得借给别人。我没有"秘密书架"，但有一个"无耻书架"，就是把自己所有出版的书，按照出版时间顺序，摆放在一起，还有各国不同语种的我的作品，也都放在这里，旁边的格子里就是世界各国文学大师们的书，两个格子挨着，假装自己可以和他们排排坐。嘿嘿，这是有点"无耻"的一个摆法，哈哈。

还有一些东西特别多，就是杂志，我写作这么多年，都是先在杂志上发表，从二十世纪九十年代开始发表作品，每年都会有若干篇在不同杂志上发表，每本杂志都会寄来样刊，这么多年积攒的杂志都没有扔，一是它上面有我的作品；二是我总觉得杂志是一种很特别的文学生态样本，也是文学的一种养成之道。

绿　茶：能描述一下您理想的书房是什么样子吗？

鲁　敏：好的或者理想的书房我们见过很多了，但那都不是你的
　　　　书房，而对我而言，我希望别人理想的书房里，能够放
　　　　着我的书，不管那是个小书房、乱书房还是什么书房，
　　　　对于写作者而言，自己的书能进入别人的书房，才是我
　　　　最大的理想。如果有更多的书房放着我的书，就是我最
　　　　大的幸福。

绿　茶：您的阅读有什么习惯或者方法，可以分享一下吗？

鲁　敏：我的阅读，其实不是一本书一本书这样紧盯着读的，我
　　　　会好几本书同时展开来读，一本在厨房，一本放餐桌上，
　　　　再有一本在沙发边的茶几上，甚至卫生间里也有，包括
　　　　单位里也会放一些这样的书，一起加入竞争体系中。我
　　　　喜欢做那种"赛跑式阅读"，就是想看看到底哪本书能
　　　　够更吸引我，能够让我用更快的时间读完。

　　　　比如，匈牙利作家马洛伊·山多尔，他的书就从这种赛
　　　　跑中脱颖而出，然后我就一直很喜欢他，他有一本代表
　　　　作叫《烛烬》，一读就放不下了，别的都不看了，甚至
　　　　夜里爬起来挑灯夜战，非得一口气看完不可。又如，阿
　　　　尔巴尼亚作家伊斯梅尔·卡达莱，他的代表作《亡军的
　　　　将领》《谁带回了杜伦迪娜》等这些作品，把它们跟别
　　　　的一起比，绝对会胜出。

几本书同时读其实是一个很有效的阅读竞争机制，我觉得蛮有意思的，读书可以变着花样，让自己读得更开心一点。写作就是以虚妄为业，阅读是我虚妄生涯中最快乐的游戏。

（鲁敏　口述　　绿茶　撰写）

◆阿乙书房◆

阿乙兄原来和我在一个报馆工作，他是体育编辑，我是书评编辑，那些年在一起吃饭喝酒，酒过半巡他就偿口醉了，其实是睡一个角落看书了，几年后，体育编辑成为作家阿乙，"时间的玫瑰"在阿乙身上绽放。
韩榫二〇二〇.三

书房主人

阿乙

———

作家。著有《灰故事》《鸟，看见我了》《春天在哪里》《情史失踪者》《下面，我该干些什么》《模范青年》《早上九点叫醒我》《阳光猛烈，万物显形》等。

阿乙

阅读让写作找到开放的窗口

和阿乙在同一家报馆共事多年，他是体育编辑，我是书评编辑。
文化和体育两个部门虽不在同一层，但因为文学青年偏多，平日
里交往频繁，尤其是赶上大赛如世界杯、奥运会等，体育部会从
文化部及其他部门调集人手，我曾应招参与过《狂奥》（奥运会特
刊）和《干杯》（世界杯特刊），特刊每天几十个版，光体育部人
手显然不够。我主要参与特刊中一些副刊版面如专栏版，邀请文
化名家写观球文章。体育的群众基础非常惊人，在那些时候，不
管平时生活多么规律的人，总要熬几个夜，看几场重要的比赛。

文化和体育部门的编辑、记者经常在一起吃饭、喝酒、打牌，阿
乙酒量平平，通常一瓶啤酒下去，满脸通红，歪到一边。他总是
找个角落的椅子，睡觉或者看书，更多时候是在看书。大家都说，
体育部的人有文化，举的通常是阿乙的例子，说他手不释卷。

后来，阿乙出版了处女作《灰故事》，文化部主编王小山张罗吃

饭，为这位有文化的体育编辑率先迈出写作这一步庆贺。再后来，体育部的阿丁、曲飞等纷纷出版自己的作品，更坐实了体育部的人有文化的说法。

二〇一〇年，阿乙出版《鸟，看见我了》之后，一时间引发文坛和社会各界的关注，一位文坛新星横空出世。那时候，我也离开报社了，但一直关注和阅读阿乙的作品。那几年，阿乙迅速走红，几乎囊括了一位青年作家所能获得的各种奖项，作品甚至引起国际关注，出版了多种外语版本，以及参加国际上的文学节。

体育编辑阿乙在短短两三年时间转型为作家阿乙，他也离开报社成为职业作家。后来听说他生病了，沉寂了一段时间。再后来，又见他不时有新作出版。新近读到新作《骗子来到南方》试读本，作家阿乙正以更成熟的面貌活跃在文学世界里。

在阿乙书房，有一幅诗人北岛写的字——"时间的玫瑰"，这是北岛先生随笔集的书名，也非常符合阿乙书房的气质。在疫情防控期间，我曾根据阿乙发来的书房照片绘书房速写。如今亲眼所见，阿乙的书房比之照片更乱一些，散落着的各种小卡片上，有阿乙阅读中的随手记录，还有一些小说灵感的片段。

我们聊着聊着就聊到那些年在报社的岁月，他说很怀念那些年的时光。如今专职在家写作，越发觉得当年在一起吃饭、喝酒的日子美好而真诚。

绿　茶：咱们虽然同事多年，但那时候主要是一起吃饭、喝酒，瞎玩，其实对您也不是很了解，虽然一直在读您的作品。这么多年不见，没想到今天会坐在您家书房。咱们聊点读书的事吧！

阿　乙：说出来不怕你笑话，我小时候读过的书少得可怜。好在父亲也是个文学青年，买别的都让我好好掂量，唯有买书可以没有限制，但他会要求我多买学习的书。我记得当年买了一本《儒林外史》，他说你暂时看不懂，为什么要花这个钱呢？所以，在高考之前，我很少看课外的书。但相对我的同学们来说，已经算是看书很多的人。后来上了江西公安专科学校，也不怎么读书，图书馆里只有大概几万册书，基本上都是公安相关的书，没什么可看的。毕业后在公安局上班，也没时间看书，天天写材料、写报告。

有了网络之后，世界一下子变大了。虽然只是个县城青年，但在网上认识了很多著名的网友，当时我写些球评，混迹在不同的体育论坛，认识了很多球评人。像后来《新京报》同事阿丁、萧三郎、曲飞等，都是那时候认识的。曲飞当时在吉林，他读书很多，有一次，他问了我一个问题："你说你读书多，你列二十本读完的长篇给我看看。"我心想肯定比这多啊，我就列啊列，结果列到第十一本列不下去了，往下就没有了。以前读得更多的是一些杂文、随笔而已，真正读完的长篇很少，蒙混不过去了，感到很羞愧。

曲飞这一问改变了我的人生。从此就每天读书。要赶，要跟上别人，已经浪费了二十六年光阴。我的频率大概是一周看一本书，这个节奏很好，这样一年下来也读了五十多本书，这二十年来，每周一本书，总量想想还是可观的。但是我读书有个坏毛病，不喜欢温故，所以大量读过的书很快就忘记了。

绿　茶：您对阅读有什么类型上的偏好？

阿　乙：文学书为主，各种其他类型的书也会看一些。在写作中，还会搜索很多相关材料打印出来钻研，这方面的阅读也很重要。我的阅读和写作，基本是协调在一起的，阅读中会把高妙的词随手记下来，书房里有很多很多小卡片，密密麻麻记了很多阅读中收获的好词，扩充自己的写作词汇量。这些词平时也许都知道，却并不会用，看到别人怎么用这些词，就记下来，下次自己写到时，也好抓出来运用。有时候，一个词就会帮你撞开思维里的一大段话。这个习惯对写作是很重要的。有时候写作陷入僵局，随便打开一本书，看到书中的有些词，也会给你带来不一样的启示，那是一种开放的状态，也是运用阅读辅助写作的手段之一。

如果没有阅读的话，我的写作就寸步难行。基本上是这样，我的生活非常寡淡，每个人的生活其实都非常寡淡，但是它的内在又极其丰富，如果你没有阅读帮助的话，你的生活就白白过去了。

绿　茶：书房里，哪些作家和作品对您影响比较大，可否引荐一些？

阿　乙：我读书很杂，不同类型的作家对我都有深浅不一的影响。比如，存在主义作家加缪、卡夫卡，阿根廷作家博尔赫斯，美国作家福克纳，俄国作家契诃夫等，太多啦。去年一口气读完法国作家普鲁斯特的七卷本《追忆逝水年华》，太厉害了，太丰富了，可以说，能与之抗衡的大概只有曹雪芹了。又如陀思妥耶夫斯基，我知道再怎么努力，也不可能接近他的境界。我的阅读很喜新厌旧，很难在某位作家那里停留太久，总想看更多新鲜的作品，自己也尝试各种手法的写作。

绿　茶：从您不同时期的作品，的确感受到多变的风格，这或许正是您在不断挑战自我，超越自己的手段吧！

阿　乙：我的人生缺乏温故，对生命的重复有种莫名的恐惧感。从县城出走，到郑州，再到北京。你让我逆行，再回到某个小城市，我绝不干。写作上，我从来是事不过三，我不会第四遍去重复自己曾经写过的主题，包括写法上也总是在变，句子从长变短，又从短变长，从不用副词到副词满天飞，从文章里满是动词到文章里充满名词。总是在变，我不喜欢一成不变的东西。但是，我又是完美主义，在细节上往往又很在意追求最好的那个，在用到某个曾经用过的细节时，经常重复，因为在我看来，那是最好的表达，我不可能会去做第二选择。我的小说中，各种尝试很多，博尔赫斯有一点，昆德拉也有一点，加缪、卡夫卡的也都有一点，还有中国六〇一代先锋派也会有一点。

　　　　有些作家喜欢在自己熟悉的区域构建自己的王国，许多人也因此成功，像莫言的高密，梁鸿的梁庄，李娟的阿勒泰。但是我就是稳定不下来。有些人给我设定一些标签，但发现我很快朝着那个标签的反面而去了。

绿　茶：文学的种子，在您身上有明确的契机或节点吗？

阿　乙：我在《新京报》体育部做编辑的时候，身边有好几位写作者，像曲飞、阿丁等。《新京报》其他部门，也都有很好的写作者，他们都对我产生了写作上的影响和冲动。

我经常去你们文化副刊部办公室区域拿书看，还有文化部主编王小山，他古道热肠，更是对我有知遇之恩，在各种场合推荐我的作品。有一年，王小山给文化部每位编辑、记者配一本新闻从业者经典的教材《新闻报道与写作》，展江老师翻译的，我也找他要了一本。我的写作初期受这本书影响很大，很多写作原则都是按照这本书的方法来的。

绿　茶：报业经历和媒体写作训练，对您后来的文学创作有着什么样的影响？

阿　乙：我的写作本身就脱胎于媒体写作，做媒体期间，编写过各种报道形式，深度报道、消息、特写……各种报道形式对我的创作都有影响，包括起标题、写导语等，我实际上就是运用媒体写作的方式，结合文学创作的手法，来钻研适合自己的风格。

中国优秀的写作者，很多都在媒体。媒体人转型当作家已经非常普遍，来自媒体的作家已经是中国作家群体不可轻视的力量。我认识的很多媒体朋友，现在都是非常好的作家，像李海鹏、袁凌、郭玉洁、阿花、郭爽、王琛、杜强、刘天昭、蒯乐浩、易小荷等，这几年媒体出身的作家越来越受到关注，但在评论界还缺少一个塑型，把这个观念提出来。

绿　茶：您显然是媒体作家群中的重要代表，有几年异常活跃，是什么机缘让您快速确立了自己的作家身份？

阿　乙：我第一本书，应该缘于在牛博网开博客。后来，出版社在牛博网找新作者出书，我就被选入其中，处女作《灰故事》就是借由那个机会出版了。加上新京报很多同事，个个古道热肠，帮我四处吆喝。但真正在出版上对我影响最大的人是王二若雅，当时她在磨铁，帮我做了《鸟，看见我了》，这本书做开了，可算是我真正的成名作。

还有一个机缘是，新京报文化部编辑曹雪萍去《人民文学》做编辑，问我有没有稿子，我就发给她了一篇，她交给李敬泽老师，敬泽老师也喜欢，就在《人民文学》发表了。当年，《人民文学》还把年度青年作家奖给了我，还入选了"未来大家"TOP20，对我的鼓励和影响特别大。

二〇一〇至二〇一二年，运气特别好，既在出版上有一本拿得出手的短篇集，又在像《人民文学》《今天》这样的杂志频频发表。那几年，一下子拿了好多奖，被推到大家承认的知名作家行列，从此不用担心发表和出版的问题，为未来失业后专心写作打下了基础。

可以说，我是写作上的幸运儿，似乎有命运之神在保护我。像王小山、曹雪萍、李敬泽、北岛、王二若雅等，他们在不同时期为我保驾护航，让我一步步成为真正意义上的作家。文学事业是个鼓励的事业，如果坚持十年都没人鼓励你，估计就坚持不下去了，这种情况大有人在。我属于幸运的那一个。

绿　茶：在文坛的角色确立后，对您的写作产生了什么影响？感受到压力了吗？

阿　乙：压力太大了，别人对你期望高了，自己对自己的压力无形就增加了，瞎写的那种心态就没有了。夜以继日的焦虑，想配上别人对你作品的期待。野心变得很大，但能力又太小。也因此影响了我的心情和健康，生病后，经历很长时间的休息和反思，重新调整自己的写作节奏，尽量化解自己的焦虑，没有一蹴而就的人生。我现在每天大概就写五百到一千字，这个节奏让我很舒服，思路很清晰。

抱歉，有点累了，想再回炉睡一觉。咱们先聊到这儿吧！

（阿乙　口述　　绿茶　撰写）

◆ 杨早书房 ◆

早读

杨早家书房去过多次，却没留意有这么个温馨的读书角。他家书房其实是太拥挤，还是坐大家来这个读书角凉快凉快吧！

绘茶 2020.12.□

书房主人
杨早

中国社会科学院文学所研究员。著有《清末民初北京舆论环境与新文化的登场》《民国了》《野史记》《说史记》《早读过了》《传媒时代的文学重生》《拾读汪曾祺》《元周记》《早生贵子》等。

杨早

反套路写作与谱系化阅读

很幸运和杨早住同一个小区，于是，我们在小区里一起参加读易洞联合书店主人邱小石发起的"阅读邻居读书会"。十多年来，每月举办一期读书会，也因此吸引了很多书友常年和我们一起读书。基于读书会的阅读社交，是这些年来最重要的收获。我们读书会提倡谱系化阅读，倡议读书会成员自觉养成阅读闭环（阅读—思考—表达—写作），多年来，每个人都从这样的阅读和输出中获得提升，并深深爱上阅读。

我们三位创始人经常在一起探讨阅读书目和主题，每回总是杨早说服我们，选读他推荐的书。对于阅读，杨早有一套非常清晰的路径，并且通过这个路径，可以抵达阅读深层的价值。正如他的研究一样，在主题明确之后，他会把所有阅读都引向主题相关中来，构成另一种谱系的阅读格局。

杨早书房面积不大，但相对独立，在有限的空间内，立着好几个显示屏，横着竖着，杨早坐在电脑前，像个电台DJ一样，同时兼顾着好几个"频道"——一台电脑打开着正在参考的论文，另一台电脑正下着电影，还有一台则播放着音乐，同时开着微信电脑端。杨早说自己有强烈的好奇心，不管是阅读还是写作，总希望"反套路"，不想做别人做过的事情。

这几年，杨早创作产量惊人，既规划和创作着大部头"清末三书"和"民初三书"，同时应对时效，研究和创作了《拾读汪曾祺》，参与主编了《汪曾祺别集》等。最新作品《早生贵子》涉足童书领域。同时应多家音频平台之请，开设了"简说中国史""简说中国人"等音频课程。三头六臂，四面开花。

这种种成果缘于书房里的日常阅读。今天，我们走进杨早书房，看看他书房里到底有什么秘密武器，可以让人在知识海洋里，获得充分的愉悦和充实。

绿　茶：您的阅读启蒙源自何时？对您以后的阅读人生和学术研究有何影响？

杨　早：小时候，能看的东西不多，基本上是有什么看什么。小学时除了在书摊上看《三国演义》《西游记》《丁丁历险记》等连环画，"字书"看的就是《三国演义》《西游记》《水浒传》《封神演义》《飞龙全传》《兴唐传》《李自成》等，还有人民文学出版社的白皮本鲁迅作品。

上了初中，有了一点零花钱，看得比较多的是从书摊上租来的武侠小说，金庸、古龙、梁羽生、温瑞安、陈青云、柳残阳、云中岳、曹若冰的，什么都看。这项阅读开拓了我对通俗文学的认识，到现在我也从来不拒绝阅读与研究通俗文学。但小时候看这种东西，经常会遭到家长或老师的批评，当时的心态就是惭愧兼不服气。后来，金庸得到很多大学和研究机构的认可，给了我很大的信心，我也开始寻找阅读通俗作品的合理性证明，证明阅读通俗文学并不是没有价值的，这也养成了我的一种眼光：再俗再烂的作品，换一种读法，也有它的文化内涵与学术意义。

高中时，对我影响最大的是《鲁迅全集》，主要是前八卷，杂文和小说。到现在依然觉得对我影响最大的中国作家还是鲁迅和汪曾祺。而且也通过鲁、汪阅读他们推崇的作品——我觉得阅读可以是间接的，像鲁迅对中国古典文学的解读，汪曾祺对古典的现代性解析。这种读法对人的滋养不太一样。他们对中国传统文化有很好的转化，通过读他们的作品来吸收传统文化的滋养，是很好的一条路径，亲近古典的同时又能结合现实。

我的语言训练来自鲁迅、汪曾祺和金庸，还有王小波。这几个人都是语言高手，从他们的作品中，学习怎样简练，怎样文白交杂，怎样有效地表达与读者共鸣。经常读他们的作品，会有洗涤一下的感觉。现在的很多写作，废话太多，如何保持语言的纯粹和有效，经常读他们几位的作品，是很有帮助的。

上大学后，虽然念的是中文系，但我基本是一名哲学爱好者。那时候年轻，比较喜欢思考一些大问题，像"我是谁？我从哪儿来？我到哪儿去？"这种。那时候，很容易把世界想成一个整体。从哲学入手，就很容易进入这种大的体系中去。

我念的中山大学几位老师辈的学者，如陈少明、单世联，他们编了一本书叫《被解释的传统》，这本书对我影响挺大。书中说，传统就像河流一样，河床是不变的，但河流是不断变化的，有时候会溢出，有时候会枯竭。所以，我们审视传统时，一定要有"变和不变"的眼光与分寸。就像我们现在弘扬传统文化，你再强调传统文化，也不可能去弘扬裹小脚，对吧？

绿　茶：您的阅读和学业都是偏文学的，后来怎么转向历史，并锁定近代史研究的？

杨　早：工作以后，要解决的问题就不再是大的问题，反而是更细碎的问题。当时我在《羊城晚报》当编辑，在这个过程中，慢慢转向喜欢历史。历史的好玩之处是打破我们原来的很多预设，让我们面对这些现实问题时，不会震惊，而是可以理解。比如，我们读《世说新语》，会觉得那里的人潇洒、飘逸，过得很惬意。但真正读魏晋时期历史，会发现真实历史中的很多人龌龊得不得了。

所有的历史都是不完整的，不管历史叙事者是不是有心造假，都会根据自己的立场与利益来选择说哪些东西，不说哪些东西。我的写作，跟专业历史人不一样的地方在于，我是文学和历史的结合。有些事情纯粹用历史研究的眼光去看，没办法复原的，也无法提供现场感。而文学可以提供一些想象，这些想象在专业历史学者看来，可能是不能用于历史研究的。但文学的加入，可以让历史变得有血有肉，而不只是干巴巴的材料。

工作两年后，辞职考研，硕士、博士都在北大陈平原教授门下，自然就比较关注近代。转了一大圈我发现，研究文学的人只谈文学，是有问题的——我们做任何研究，就不能只关注单一学科。比如，文学，就不可能只关注文本和作家，而必须去理解文本与作家背后的时代。我很受微观史学影响，最有代表性的就是史景迁的《王氏之死》。小人物视角和细节，这是两块最重要的抓手。我们要去追溯历史中的细节，关注那些不被关注的东西——这就是我的"反套路"。我不爱做别人做过的东西，不管是主题还是研究方法。我一直在选择一条没有人走过的路，希望做的事情没有别人做过。之前写的《野史记》《民国了》等，既不是学院派思路，也不是通俗写史的思路。

学历史，往往会不断地往前追。而且，越往前面越好讲，因为前面的历史相对清晰，越近代的历史越复杂。我为什么要停在近代史呢？因为这段历史空隙特别大，细节特别多，近代材料特别多，多到你没有办法做出一个全局的明细判断。所以，近代史学者能做的就是拼图。你做一块，我做一块，慢慢拼起来。我选书和读书也是如此，关注这本书有没有拼图意义，是不是有我不知道的地方。比如，做鲁迅研究，一定要弄清楚鲁迅的经济来源，要弄清楚经济来源，还得去了解当时的版税制度、当时的物价，以及整个社会的经济运行逻辑等。不管研究哪个作家，最终我们要理解这个作家所处的时代，而要理解他的时代，就是一个巨大的拼图工程。

我经常引用费孝通先生的说法："中国不缺研究型的学者，缺的是传播型的学者。"我发现我不自觉地在选择后一种道路。

绿　茶：读您的多部历史作品，像读小说一样有趣。您怎么定义自己的作品，在文学和历史之间，应该建立一种什么样的想象？

杨　早：历史和小说不一样。我一直不想写小说，虽然我的《民国了》和《元周记》在出版时，被分类归为"长篇小说"，但我觉得，小说应该有一种更特殊的能力和功力。包括钱锺书的《围城》，我一直认为不是成功的小说，有趣，但并不能说是好小说。我写东西，希望有一个抓手，希望有真实的人物、事件与细节可以触碰，在这个基础上再建立想象。历史里面有很多事情和人物已经足够惊悚和精彩，我只需要把这些历史，通过丰富的细节加以还原，其精彩程度自然就不亚于小说。

绿　茶：这应该就是您的"反套路写作"吧。还会继续沿着这个
　　　　"反套路"的套路写下去吗？

杨　早：是的，决定继续往下做。《民国了》写一九一一年，《元
　　　　周记》是一九一二年，准备再写一本一九一七年，这是
　　　　启蒙前期，五四源头，合成一套"民初三书"。接着还
　　　　想写一套"清末三书"，分别写一九〇五年、一九〇七
　　　　年和一九〇九年。一九〇五年主要用《京话日报》做资
　　　　料；一九〇七年则用我高祖杨苪的日记和我自己去东京
　　　　的踏访；一九〇九年，还没想好用什么资料。

　　　　清末民初，一九〇五到一九一七，是近世中国非常重要
　　　　的转型期，我试图用这六本书，作为我对清末民初的拼
　　　　图和想象。接下来的十年，应该基本上就做这个事情。

绿　茶：清朝以前，您还对哪个朝代有兴趣？

杨　早：我其实不是单纯对哪个朝代感兴趣，而是对不同朝代中
　　　　的某些历史感兴趣。吕思勉的《中国通史》上、下两部，
　　　　上部就是按朝代，下部就分为婚姻、制度、军事等类别
　　　　来讲。我比较关注历史中的法律、教育、市民生活、物
　　　　质文化等几个类别。但是这一类著作相对较少，所以需
　　　　要去爬梳。我买书的时候也特别关注有没有这些我喜欢

的类别。我不太在意皇家和贵族的思想行为，反而比较关心底层百姓的日常生活。

绿　茶：关注底层百姓生活，那您是不是很在意地方志中呈现的历史？

杨　早：当然，历史是有等级的。一国、一省、一乡，影响力是不一样的。地方史藏在各种地方志中，有丰富的底层生活细节。史景迁的《王氏之死》主要从地方志入手，书写山东郯城小人物的命运。我去任何地方，都会去找当地的地方志，了解当地的历史资料。长期关注的有祖辈所居的高邮、我老家富顺等。还有一些我去过的地方，也会有所关注。比如，不久前去安顺，我就对那里的地方志很有兴趣，收集了一些。

对于地方史的研究，总的来说是很不够的，尤其是能转化为著述的，更少。这方面，海外汉学家相较于我们学界，做出了更有效的研究。像史景迁的《王氏之死》、罗威廉的《汉口》等都是非常优秀的作品。他们能把地方史做成一个具有普遍性的历史命题，成为一个缩影，这样的研究是有意义的。

绿　茶：在您的研究中，史料取舍上有什么独到的方法吗？

杨　早：我最关注报纸资料。对报纸的看重，远远大于档案材料，因为报纸是最原始的一手材料。档案主要是事情的描述，缺乏细节和人。我更关注人是怎么想的，当时的心态怎么样。使用日记时，最好多参考别人的日记，同时参照别的史料，才能从中找出相对客观的表述。日记的好处是反映了心态，讲了什么和不讲什么，都有心态的成分。当然，怎么使用日记需要进一步探索与拓展。我写一九一七年，就打算更多使用不同人的日记。当然，年谱、书信这些也是必要的。有时候，为了日记、年谱、书信，还不得不买一些人的全集。

绿　茶：最后，谈谈您的书房体系吧，您如何构建自己的书房？

杨　早：书房的构建，是主人精心铺设的阅读路径，通向自己想抵达的境界。首先要确定你想在书房里做什么，其次是怎么去建构，最后是怎样规范和优化，这样慢慢建立起自己的书房体系。我的书房，基本上是我研究路径的延伸，由问题驱动，顺应时势，尽量围绕当下的研究，把相关书籍都引向当下主题中来。

我们这一代人最大的困境是要处理海量的书籍与信息，如果没有自己特定的范畴，面对这样一个出版环境，选择是非常之难的——早期成长的年代还没有那么难，那时候，基本上是书店进什么书，我们就读什么书，可以说，书店担负了规范我们阅读的角色。我在中山大学读书的时候，像广州的博尔赫斯书店、学而优书店等，深刻地影响着我们的阅读。那时候，只有去中区邮局才能买到《读书》杂志，去晚了就买不到了。《读书》杂志里提到的书，就构成了我们的阅读体系，像徐友渔、布罗代尔，这些人的书都是那时候进入我们的阅读视野的。

后来在北大，买书主要是到周边的书店，风入松书店、万圣书园、国林风书店、海淀图书城，还有地坛书市、潘家园等。那时我住在北大校外，搬过很多次家，书都不敢开箱，除了床，出租屋内其他地方都是书箱。现在更多依赖网上买书，电商、孔夫子网、布衣书局等。同时，合理清书也是书房必要的动作，一年内不会用到或阅读的书，我会果断清理，给日益拥挤的书房腾出空间。

（杨早　口述　　绿茶　撰写）

我对书房充满好奇

文 | 绿茶

"从前有人说过，自己的书斋不可给人家看见，因为这是危险的事，怕被看去了自己的心思。"这是周作人《书房一角》原序的第一句话，进而，周作人又解释道："这话是颇有几分道理的，一个人做文章，说好听话，都并不难，只一看他所读的书，至少便掂出一点斤两来了。"

我对书房充满好奇，以前在报社做编辑的时候，编过一个"书房风景"版，带读者走进一个又一个充满风景的书房。离开报社后，这份好奇心依然在，特别喜欢去拜访书友的书房，看看他的藏书，聊聊爱书人那些小趣味。

近些年，突然有了画画的兴致，于是，书房成了我画画的重要主题，连续画了好几百个读书人的书房，选取了一百二十间书房结集为《所幸藏书房》。与此同时，走进一间又一间书房，和主人坐拥书城，聊书房里的故事，聊读书与藏书以及个人阅读史。

我走访过的书房，主人有作家、学者、藏书家、画家……他们共同的身份是读书人。这本《读书与藏书：27位文化名家的私人阅读史》是对过去三年的小结和告别。

在这三年里，我们告别了很多重要的文化人，他们中很多人都曾在我的寻访清单里，诗人邵燕祥先生，疫情前就约好去拜访，一拖再拖，二〇二〇年八月，邵先生走了；诗人胡续冬，和我同龄的老朋友，谁能想到他会突然告别，新装修的书房，书还没上架呢；还有翻译家许渊冲先生、杨苡先生、李文俊先生……告别来得太突然，让人猝不及防，也越发有紧迫感。

在陈平原、夏晓虹老师家书房，看到两位学者叠加的书籍，用"拥挤"二字已经不能描述其程度。平原老师把客厅沙发上的书和资料挪了挪，我们陷在书堆中，开启了"我的书房之旅"第一站。平原老师说，所谓学术训练，就是建立自己的知识地图，即使在这样拥挤的书房，也能有自己的书房小径，知道每一条小径通往什么地方。

除了陈、夏教授，我还走访了赵珩与吴丽娱、刘刚与李冬君两对学术伉俪的书房。

赵珩先生是社会文化史方面的专家，他的《老饕漫笔》《旧时风物》等著作记录了过去社会的很多细节。赵家是世家大族，自太高祖达纶算起，"一门六进士"。曾祖赵尔丰为驻藏大臣，署理四川总督。赵珩先生的㲚外堂里藏有家族四代人丰富的档案。夫人吴丽娱老师是中国社科研究员，国内礼制史研究权威，还是"二十四史"修订本的礼制部分的审稿负责人。

他们夫妇有着各自不同的学术志趣，好在他们的书房是门对门的两套独立单元，彼此的书不交集。二十四史的《宋史》以前都归吴丽娱老师，前四史两边各备一套，《资治通鉴》也是一人一部。其他史学著作，宋元以前，都放吴丽娱老师书房；明清以后，则放赵珩老师这边。

刘刚、李冬君伉俪的书房，十六万册藏书让人有点"晕书"，简直是"书的海洋"。这批书来自于一所大学的资料室，但十六万册书变成私人收藏，的确是难以想象，家里包括地下室都挤满了书，还租了隔壁单元放书。后来因缘际会在宁波慈城有了一个院子，用作工作室和放书，现在这批书都运到慈城书房去了。"蜾蠃斋"又恢复了往日的舒朗和惬意，每年春节，冬君老师在书架墙上糊上一层宣纸，刘刚老师在上面写字，儿子刘涵宇在上面画画，再放上旧书和陶艺作品。一年又一年，一层又一层，生活的点滴记忆散发着独有的气息。

学者书房普遍书多，在他们的研究领域更是有丰富的谱系化书籍。我还造访了马勇、罗新、陆建德、宋杰、解玺璋、诸葛忆兵、钱志熙、刘仁文、杨早等老师的书房，令人大开眼界。

作家的书房则是另一番风貌，文学写作者不拘泥于一个谱系或某一专业，而是博采众长，广泛阅读古今中外作品，文学、艺术、哲学、思想、社会、经济……我先后造访了梁晓声、朱永新、肖复兴、赵蘅、止庵、商震、梁鸿、阿乙等老师的书房，大致都有这个特点，当然，更集中的自然还是古今中外的文学作品。

梁晓声老师说，他现在除了文学书不看，什么书都看。在他看来，读书应该是跨界的，文学书在阅读启蒙阶段及之后的大学阶段，可看的基本都看完了，所以，现在应该广泛看文学之外的书，既是对写作的补充，也是对形成自己丰富看法和认识的基础。这些年，梁晓声老师产量很高，每年都有新作面世。但他自己说，现在的写作，就在不断卸担子，把心里还想写的写出来，写完后，该退场就退场。

止庵老师的书房里，有着令读书人羡慕的格局和藏书量，并有着他近乎洁癖般地对品相的追求，可以说，是理想书房的样本之一。他说自己主要的兴趣，第一是文学，其次是历史。年轻时，他打下了比较好的中国古典底子，一是中国先秦的哲学，二是中国古典诗词。曾经一点点把先秦的书都过了一遍，诸子加上史部的《春秋》《左传》《国语》《战国策》等，再加上经部。止庵把书房比喻为一个读书按钮，书房里的书，都有读它的可能性，而这些可能性就是认知拓展的基础。

梁鸿老师说："我觉得写作是挺残酷的一件事情，我们都想写好东西，但你不可能写的都是好东西，而我们对自己又有要求，想霸在别人的书房里不被扔掉，这就让人很纠结，下笔时就有点担心。'我想霸占你的书房'，应该是对写作者最大的警醒。"说着，梁鸿老师便带我在书房里转悠，意味深长地说："清理书房时往往也首选扔小说，你看我的书房里，留下的更多是理论、学术、历史、人类学等方面的书。"

而像韦力、方继孝、胡洪侠这些藏书家的书房，又是一道独特的书房风景。每每走进这些大藏书家的书房，我也容易"晕书"，目不暇接，眼花缭乱。恨不能一次性饱览个够，但往往打开一本书就欲罢不能。韦力老说我是爱书人里的异类，爱书而不佞书，而在藏书家书房里逗留，我知道自己也是佞书之人，只不过不敢佞。

我问韦力，藏书的意义在哪里？他顾左右而言他。"每个人真正能够把握的就那么短短的几十年，年少时轻狂不更事，年老时多苦多病，余外每个人能够自由把握的自如时间就变得更短。而这其中还包含着多少场的爱恨离别，能拿来真正快乐的时间没有多少……但既然你很不幸有了（藏书）这样一个爱好，那你就将其努力地发挥到极致。"

他的确是个极致的人，守着几万册古籍善本，却全国各地到处跑，去荒郊野岭寻访古人的故地、墓地。他每一部书都下了笨功夫和真功夫。自一九九七年起，二十多年来辗转大江南北，按照自己藏书的经、史、子、集四部，梳理出几十个寻访专题，然后按照自己的节奏，一一寻访，即便在经历二〇一三年腿受伤的生死考验后，依然没有停下脚步。生命无常的体验让韦力越发珍惜时间，进入"井喷式"写作，并且以超出想象的高产出版了几十部寻访之书。

我曾打趣式地问他，作为藏书家，除了个人志趣外，你有没有一种使命感？这次他很认真地说："人活在世上，总要找点价值……保护和传承传统典籍只是其中之一种。人生有涯而欲望无涯，我能做出这么一点点，就觉得可以沾沾自喜一下了。从这个角度来说，我的心态可以用'虽千万人吾往矣'来形容。"

迫于交稿的压力，郑培凯、张翎和鲁敏三位老师是通过线上方式采访的，不是面对面的对谈的确少了些许互动感，但爱书人的心境似乎远隔千山万水也有共鸣。以后一定再找机会去三位老师书房造访，让一切好奇变成眼见为实。

我们经常被问到"为什么读书？""为什么藏书？""读书有什么用？"等问题，尽管费了很多口舌，似乎并没有解开人们心中浓浓的疑团。我想，这本书，这些书房和它们的主人们，或许能帮我们解开这些疑团。

最后，当然要感谢很多很多人，因为这不仅仅是我一个人的作品，这二十七间书房主人才是这本书真正的主角，他们的人生，他们的故事，他们的藏书和他们的志趣，构成了这本书最重要的基调，谢谢他们让我走进书房，走进有智识的精神空间。

感谢《名人传记》杂志、《瓯风》杂志、《中国校园文学》、《新华每日电讯》、《贵阳日报》等报刊先后发表这些文章，谢谢主编和编辑们忍受我的拖拉机作风。

谢谢韦力兄在寻访路上，不忘为小书撰写大序，多年来一直鼓励我，帮助我。

谢谢未读编辑团队，用他们的专业精神，呈现了这本书最理想的样子。

绿茶 于中关村

癸卯 二月十六

**读书与藏书：27位文化名家
的私人阅读史**

绿茶 著绘

图书在版编目（CIP）数据

读书与藏书：27 位文化名家的私人阅读史 / 绿茶著
绘 . -- 北京：北京联合出版公司，2023.4
ISBN 978-7-5596-6736-6

Ⅰ.①读… Ⅱ.①绿… Ⅲ.①文化－名人－访问记－
中国－现代 Ⅳ.① K825.4

中国国家版本馆 CIP 数据核字 (2023) 第 041797 号

出 品 人	赵红仕
选题策划	联合天际·文艺生活工作室
责任编辑	龚 将
特约编辑	张雪婷
美术编辑	梁全新
封面设计	孙晓彤

出 版	北京联合出版公司
	北京市西城区德外大街 83 号楼 9 层 100088
发 行	未读（天津）文化传媒有限公司
印 刷	北京雅图新世纪印刷科技有限公司
经 销	新华书店
字 数	310 千字
开 本	889 毫米 × 1194 毫米 1/32 13.25 印张
版 次	2023 年 4 月第 1 版　2023 年 4 月第 1 次印刷
I S B N	978-7-5596-6736-6
定 价	88.00 元

关注未读好书

客服咨询